VIVERE RADICALMENTE LIBERI: OLTRE GLI ABUSI

DR. LISA COONEY

RINGRAZIAMENTI

Questo libro è per VOI, il tiratore.

Non è mai troppo tardi per cambiare.
Iniziate da dove siete oggi.

Potreste sentirvi spezzati, ma l'essere che siete non
potrà MAI essere spezzato.

Tutto ciò che serve è un cambiamento di un grado:
prendere questo libro e cambiare il modo di vedere
le cose.

Tutti i miei ringraziamenti e la mia profonda
gratitudine a coloro che hanno percorso questo
cammino con me, vicino a me, accanto a me e
lontano da me.

Non importa dove arrivi o come ci sei arrivato, sei
cambiato e sai di essere cambiato.

Ricordatelo!

Grazie

INTRODUZIONE

Negli ultimi 20 anni ho dedicato la mia vita ad aiutare gli altri a liberarsi dalla "prigione dell'abuso" e a creare una vita significativa e gioiosa per se stessi. Ho lavorato con migliaia di clienti che sono entusiasti dei brillanti risultati ottenuti grazie al tipo di facilitazione che offro loro: una facilitazione equilibrata con potenza, sessualità (l'energia del ricevere) e vulnerabilità.

In questo libro, potrete dare un'occhiata a questo lavoro che vi permette non solo di superare un passato di abusi, ma anche di andare oltre tutto ciò che finora vi ha impedito di vivere pienamente.

Come psicoterapeuta di formazione, ho trascorso la maggior parte della mia prima carriera seguendo un percorso di pensiero tradizionale su come le persone possano guarire da traumi e abusi. E probabilmente avrei continuato a farlo se non fossi stata la migliore allieva di me stessa.

Si potrebbe dire che tutto ciò che ho imparato l'ho conquistato nel modo più difficile, sperimentandolo.

Mi spiego...

Per i primi vent'anni della mia vita sono stata estremamente infelice. A vent'anni ho cercato di addormentarmi bevendo, facendo uso di droghe e festeggiando. Ero in sovrappeso e non mi curavo di me stessa.

Una notte ho rischiato di morire a causa del mio comportamento sconsiderato.

Sono cresciuta in una famiglia molto violenta. Ho subito abusi sessuali, fisici ed emotivi da quando ero piccola fino ai miei 20 anni.

Mi sentivo sempre colpevole, impotente e in preda al terrore. Nulla di ciò che facevo sembrava aiutare e la felicità era irrimediabilmente fuori portata. Mi sembrava impossibile persino vivere. L'abuso aveva il controllo su ogni aspetto della mia vita.

Tutto sembrava sbagliato, compreso me.

Non mi sono mai sentita a mio agio da nessuna parte. L'unica cosa che mi rendeva felice era l'alcol e la fuga. Bevevo o sniffavo qualsiasi cosa mi capitasse sotto mano per non provare nulla. Mi sembrava il modo migliore di esistere: stordito e confuso.

Quando arrivai all'università, camminavo per il campus con gli occhi bassi e le spalle ingobbite. Un giorno, un professore mi raggiunse e mi chiese se stavo bene. Nessuno me lo aveva mai chiesto prima. Mai. I miei occhi si riempirono immediatamente di lacrime.

Mi ha aiutato a capire che quello che avevo vissuto era curabile e mi ha riempito di speranza di poter andare oltre e crearmi una nuova vita. Ed è quello che ho fatto.

Oggi vivo la vita dei miei sogni, al di là di qualsiasi cosa avessi mai immaginato: Viaggio per lavoro e per piacere a livello internazionale, facilitando corsi sull'essere radicalmente vivi al di là dell'abuso e sul ricevere energia con il nostro corpo. Vivo in una bellissima casa che condivido con una persona che adoro. Sono circondata da 25 acri di terra meravigliosa, 20 cavalli, 3 cani e molto altro. Ho relazioni intime, nutrienti e di sostegno con amici e persone care. Sono vivace e scelgo sempre di più.

A prescindere dai miei traumi e dalle tragedie passate, sono vigile nel fare scelte al di là di essi. Sono felice - la più felice che abbia mai avuto con me. Ho finalmente "ricevuto" me stessa e continuo a imparare nuovi modi per farlo.

L'abuso non conosce confini

L'abuso, per sua natura, copre un ampio territorio.

Succede a noi e *succede dentro di noi* - e si perpetua in tutti gli angoli della nostra esperienza.

Si manifesta nel modo in cui si pensa, si parla, si agisce e non si agisce.

Si manifesta nelle vostre finanze, nella vostra capacità di guadagnare, nel tipo di lavoro che scegliete.

Si manifesta in ogni relazione che si ha, dal vicino di casa in fondo alla strada, agli amici che si hanno, al partner con cui ci si impegna.

O non si impegnano.

Si manifesta nella salute, nell'aspetto e nel funzionamento del corpo, nei cibi che si mangiano.

E potrei continuare...

Non importa dove vediate la vostra esperienza nel continuum dell'abuso. L'importante è riconoscere e mettere in discussione queste esperienze. Forse avete vissuto un abuso nella prima infanzia come il trauma e l'orrore che ho vissuto io. O forse i vostri genitori hanno divorziato quando eravate piccoli e non avete più rivisto vostro padre (o vostra madre). Forse i vostri genitori hanno litigato per i soldi e oggi fate fatica a guadagnarvi da vivere.

Qualunque sia la portata o l'ampiezza... qui è tutto ben accetto.

Viviamo in un universo inclusivo.

Uscire e raggiungere la libertà

Come sarebbe per voi vivere al di là della vostra attuale esperienza? Quali sogni custodite nel vostro cuore? Quali sussurri di coscienza sentite?

Forse lo sapete e forse no. Non tutti quelli che vengono da me iniziano sapendo cosa vogliono a livello cosciente. Anni di negazione, giudizio e abuso hanno un prezzo elevato nel costo della vita, e a volte tutto ciò che ti rimane da mostrare è un piccolo boccone di vita, sopravvivendo a malapena.

Questo libro vi mostrerà come liberarvi da quella che io chiamo la "gabbia invisibile dell'abuso".

Vi aprirà a nuove idee su ciò che è possibile fare e vi fornirà concetti che potrete applicare in qualsiasi luogo vi troviate e in qualsiasi momento. E non importa se avete una storia di abusi passati o meno, perché questi principi e consigli funzionano per chiunque.

D'altra parte, se avete un passato di abusi, potrebbe essere un'ancora di salvezza.

Una nota: se alcuni dei concetti e del linguaggio che uso vi risultano nuovi, è una buona cosa. Non si tratta di un errore di battitura, ma di un modo specifico di dire qualcosa che è radicato in alcune modalità che utilizzo. Infatti, anche se sono una psicoterapeuta abilitata, sono stata anche formata e certificata in molti tipi di terapie di guarigione alternative, quindi a volte la mia scelta di parole deriva da queste. (Se volete saperne di più, visitate il mio sito web www.DrLisaCooney.com).

Una cosa è certa...

Se mettete in pratica il materiale che avete letto qui, *riuscirete* a liberarvi da tutto ciò che vi tormenta o vi impedisce di scegliere ciò che desiderate creare.

Questo vi porterà nella direzione di quella che io chiamo *Alività radicale*... e non vedo l'ora di condividerlo con voi.

Cominciamo!

Dr. Lisa Cooney

TESTIMONIANZE

La dottoressa Lisa Cooney è una facilitatrice straordinaria! Si occupa di capire cosa sta accadendo e vi accompagna con un sostegno nutriente! Fa luce su ciò che si nasconde nelle fessure di voi stessi, da cui non sapete come uscire. Ho avuto tonnellate di cambiamenti e una nuova consapevolezza delle ragioni per cui faccio quello che faccio a me e alle persone a cui tengo. Mi ha dato gli strumenti per cambiare anche alcuni dei traumi più profondi e oscuri della mia vita. Mi ha aiutato a scoprire il mio bellissimo vero sé. Ora ho la VERA SCELTA nella mia vita per vivere liberamente come ho scelto! Raccomando vivamente la dottoressa Lisa Cooney come facilitatrice, le lezioni sul corpo e le lezioni per vivere radicalmente!!!

Molte cose nella mia vita sono cambiate dalla prima volta che ho sentito la dottoressa Lisa parlare di come creare ed essere radicalmente vivi al di là dell'abuso. Non identificandomi con un passato di abusi, sono stata sorpresa di quanto la sua saggezza possa cambiare qualsiasi cosa... al di là degli abusi! Il mio rapporto con il corpo è diverso e migliore, mi diverto di più e sono più presente con il mio corpo che mai. Le mie relazioni con gli altri sono più facili e sto lavorando con gli altri in ambito lavorativo, cosa che di solito evito. Soprattutto... sto scegliendo per me a un livello completamente nuovo e sto creando una vita che funziona per me. Questi sono solo alcuni dei modi in cui l'Alività radicale si sta manifestando per me, finora. Come può andare meglio di così?

Lavorare con la dottoressa Lisa è la cosa migliore che abbia mai fatto per me stessa! La mia vita è cambiata in modi che in passato avrei solo sognato. Mi sono lasciata alle spalle una vita da vittima. Nel frattempo, sono diventata sicura di me stessa e più sana sotto ogni punto di vista: fisico, mentale, emotivo e spirituale.

Sono riuscita a lasciare un lavoro terribile, a raddoppiare il mio reddito e a creare una nuova attività. Ho perso più di cento chili e ho una relazione sana con un partner amorevole. Grazie, grazie, grazie.

La dottoressa Lisa è una guaritrice potente e impegnata, in grado di trattenere e trasformare ogni blocco che le viene presentato. Si è creata un'atmosfera di profonda fiducia e sicurezza, che ha permesso alle paure più profonde, ai blocchi e alle convinzioni di base di ognuno di venire in superficie per essere guariti. È un dono straordinario lavorare con una delle guaritrici più potenti del mondo.

Lisa è la MIGLIORE! In qualità di ex medaglia d'oro e campione del mondo, sostengo piena-mente il lavoro innovativo che la dottoressa Lisa sta svolgendo per quanto riguarda il potenzia-mento e la guarigione individuale. FUNZIONA!

DEDICAZIONE

Questo libro è dedicato a te, lettore, grazie per aver scelto una nuova possibilità per te. Grazie per aver scelto di liberarti del tuo passato. Grazie per aver saputo che, a prescindere dalla tragedia, dal trauma o dalla limitazione che hai subito, sei un potente creatore di grandezza e puoi sempre scegliere di andare oltre le tue circostanze.

Se siete come me, una o più volte vi siete ammalati di depressione, malattia, mancanza e solitudine. Ho trovato che gli strumenti e le parole presentati in questo libro mi hanno aiutato in modo significativo nella mia guarigione per recuperare l'espressione più piena e libera di me. Ho cercato di essere semplice e pragmatica. Spero che anche voi li troviate utili.

So che con i traumi e gli abusi le cose non sono così semplici e che la sopraffazione è molto diffusa. Che tu possa trovare pace e persino conforto sapendo che, finché non ti arrendi mai, non ti arrendi mai e non molli mai, queste parole possono funzionare anche per te.

Che possiate essere ispirati e che la vostra traumaticità possa trasformarsi in Radically Alive Beyond Abuse.

Il mio amico di sempre:

Scegliete VOI

Impegnatevi per voi

Collaborate con l'Universo che cospira per benedirvi e per creare per e con voi.

1

SUPERARE LA GABBIA INVISIBILE DELL'ABUSO

Andare avanti è una cosa semplice. Quello che si lascia alle spalle è difficile.

— DAVE MUSTAINE

"Può darmi i dettagli degli abusi subiti nella sua prima infanzia?". C'è stato un lungo silenzio dopo che il mio editore mi ha posto questa domanda.

Aveva da poco revisionato la prima stesura del mio libro, *Kick Abuse in the Caboose*, e voleva aggiungere altri dettagli sui miei abusi passati. Le chiesi di darmi un momento per poter ricordare tutto.

Dopo ben otto minuti iniziai a elencarle i dettagli.

Durante quegli otto minuti, ho scansionato il mio corpo e sono rimasta stupita nello scoprire che i due decenni di abusi fisici, sessuali, emotivi, finanziari, spirituali e fisiologici che avevo subito non "abitavano" più il mio corpo - sebbene potessi ricordare la pesantezza di tutte le perpetrazioni.

Mentre condividevo i dettagli con lei, mi sentivo come se stessi condividendo la storia di un cliente o di un amico, non la mia. Non stavo dissociando o disconnettendo; piuttosto, avevo incarnato me stessa al di là della mia storia di abuso.

Ho sorriso mentre mi rendevo conto di quanta strada avevo fatto nel mio percorso di superamento dell'abuso.

Una delle cose che mi ha aiutato immensamente è stata la lettura di libri di auto-aiuto, come sta facendo lei ora, sottolineando le frasi finché le parole non sono saltate fuori dalla pagina e sono entrate in me, facendomi intravedere una realtà diversa. Sapere che altri capivano quello che stavo vivendo mi dava speranza.

E ho scoperto che non ero certo l'unica.

Ho fatto anche altre cose. Per esempio, ho cercato di fare escursioni, meditazione, nuoto e bicicletta per eliminare gli abusi. Ho cercato un consulente e ho persino conseguito un master e un dottorato in psicologia. Mi impegnavo a formarmi continuamente dal punto di vista clinico, energetico e psicologico, determinata a trovare un modo per andare oltre l'abuso.

Mentre facilitavo un seminario dopo l'altro e liberavo gli altri dai loro abusi, alla fine ho liberato anche me stessa. E non mi sono fermata. Il mio impegno continua a essere quello di sradicare ed eliminare l'abuso in tutte le sue forme da questo pianeta attraverso il movimento Live Your ROAR.

Andare oltre l'abuso: Un nuovo paradigma di guarigione

Forse avete subito un abuso, sia esso sessuale, fisico, spirituale, finanziario o emotivo. Può trattarsi di un singolo evento o di una serie di episodi.

Può darsi che abbiate già investito una grande quantità di tempo ed energie per guarire la vostra esperienza di abuso e, forse, non abbiate visto i risultati che desideravate. È comprensibile. Purtroppo, ho scoperto che molti strumenti e pratiche che hanno preceduto l'approccio che ho adottato per andare oltre l'abuso riguardano l'aggiustamento di noi stessi e la definizione di noi stessi in base alla nostra storia di abuso.

Non sono dell'idea che dobbiamo aggiustare noi stessi per essere liberi. Quando adottiamo questo modello, diamo per scontato che ci sia qualcosa di sbagliato in noi e cerchiamo soluzioni per risolvere il problema. Diventa un pozzo senza fondo. E non arriviamo mai alla fine, perché non ci sentiamo mai corretti o integri. Ci si ritrova invece a girare in cerchi simili, chiedendosi se finirà mai, aspettando il giorno in cui si sarà finalmente guariti. La guarigione da un abuso avviene a strati, a volte a molti strati, e concentrarsi su ciò che è giusto per voi è la chiave di volta per far sì che possiate superare l'abuso.

Questo capitolo, in parte estratto dal mio libro di prossima pubblicazione, *Kick Abuse in the Caboose*, descrive un nuovo modo di guarire oltre l'abuso.

Scoprirete che non avete bisogno di aggiustare nulla o di rimanere definiti dal vostro abuso. Scoprirete anche come fare la scelta di porre fine alla perpetrazione e di non permettere più a quell'atto o a quella serie di eventi di dominare la vostra intera vita.

La gabbia invisibile dell'abuso

Ho trascorso gran parte della mia vita in una gabbia invisibile.

Dico che era invisibile perché, pur vivendo al suo interno, prigioniera silenziosa, non ero nemmeno consapevole della sua esistenza. Mi ci sono voluti decenni per darle un nome, per non parlare della possibilità di trasformarla in un messaggio da condividere con il mondo. Eppure, ogni volta che parlo della gabbia invisibile a qualcuno che ha subito un abuso, uno sguardo di riconoscimento, spesso di sollievo, attraversa il suo volto. Forse anche voi state vivendo un'esperienza simile mentre leggete queste parole.

La gabbia include un sottile giudizio sull'erroneità di voi stessi che date per scontato sia vero. In altre parole, vi percepite come cattivi o sbagliati a causa dell'abuso subito. Questa "erroneità" diventa il filtro attraverso il quale sperimentate e percepite la realtà. Di conseguenza, create la vostra vita *a partire dalla* violenza subita e vi imprigionate in essa.

La vostra gabbia è come un fantasma che vi sussurra continuamente all'orecchio. Sussurra quando avete delle sfide. Anche quando la vita va bene, non si ferma. Anzi, in questi momenti è probabile che si faccia più forte nel disperato tentativo di tenervi dentro la gabbia degli abusi. Vivere entro i limiti della gabbia vi tiene stretti in un luogo che vi è familiare. C'è uno strano comfort nei confini della gabbia, per quanto si desideri vivere al di là di essa.

La gabbia si basa sulla mancanza, sulla limitazione e sulla menzogna.

La gabbia vi tiene lontani dalla libertà, dal piacere e dalle possibilità.

Vivere nella gabbia significa vivere senza voce. Si può essere in grado di parlare e di funzionare nel mondo, ma rimane una parte di voi isolata, silenziata e tagliata fuori dalla realtà - una parte che vive dentro di voi, morta e intorpidita.

Il dolore di vivere all'interno della gabbia può essere così grande che a volte si sceglie di non abitarla affatto. Per evitare il dolore, ci si può intorpidire o uscire dalla gabbia. Potreste farlo periodicamente nel corso della giornata, uscendo dal vostro corpo. Si può anche ricorrere al cibo, all'alcol, alle droghe o ai farmaci per uscire più profondamente.

Si diventa un guscio di chi si è veramente.

Vi chiedete perché vi state "auto-sabotando", quando in realtà state operando in base a ciò che la gabbia è stata progettata per fare: combattere la vita e dire "no" da un luogo di contrazione piuttosto che abbracciare la vita e dire "sì" da un luogo di espansione. All'interno della gabbia, continuate a reagire alla vita secondo gli schemi dell'abuso del passato e questo mantiene viva la perpetrazione.

Potreste anche aver notato che quando vivete all'interno della gabbia dell'abuso, questo si riverbera in tutte le altre aree della vostra vita. Quando filtrate il mondo attraverso la lente dell'abuso, è come se ne attiraste di più su di voi, portandovi a una maggiore auto-colpevolizzazione. E frasi come "Sei tu che crei la tua realtà" non aiutano. Quando il modello di abuso si perpetua continuamente e non si sa come fermarlo, aumenta la sensazione che ci sia qualcosa di sbagliato in noi.

Ciò che spesso accade all'interno della gabbia è che, poiché l'abuso impantana la nostra realtà, la nostra percezione viene distorta in una forma lieve di follia. Ciò che sembra vero può essere falso e viceversa. Ci ritroviamo a fidarci di persone di cui non dovremmo fidarci e a non fidarci di persone di cui potremmo fidarci. Possono entrare nella nostra vita persone che rappresentano tutte le cose che abbiamo detto di voler generare e manifestare, ma le allontaniamo perché impegnarsi con loro significherebbe vivere al di là della gabbia e non ci sentiamo a nostro agio nel farlo.

Se avete camminato nella gabbia invisibile dell'abuso, probabilmente avete pensato che questa fosse la vostra unica scelta. In effetti, per la maggior parte delle persone con cui ho lavorato, l'idea della scelta all'inizio sembra confusa. Ci è stato venduto il mito che, avendo subito un abuso, la nostra vita sarà per sempre piena di sofferenza. La vostra vita, fino a questo momento, vi ha forse fornito molte prove che questo è il caso.

Tuttavia, vivere nella gabbia invisibile dell'abuso come prigioniero silenzioso non è l'unica scelta possibile.

Fate amicizia con la Gabbia degli Abusi

Quello che ho scoperto sostenendo decine di migliaia di persone in tutto il mondo a superare gli abusi è che non è detto che si riesca a uscire dalla gabbia con una soluzione rapida.

In primo luogo, dobbiamo aumentare la nostra consapevolezza e riconoscere la gabbia.

In questo momento forse vi svegliate per la prima volta e capite che la gabbia esiste. Le persone spesso dicono: "Oh, ecco cos'è", quando mi sentono parlare della gabbia, dando parole a qualcosa che di solito rimane senza nome.

È come se ci fosse sempre stato un elefante che caga nella stanza e tutti ci girassero intorno in silenzio. Non lo stiamo più ignorando. La cosa puzza, e ora la stiamo affrontando.

Dopo aver riconosciuto la gabbia, dovete accettare di averci vissuto dentro. In un senso molto reale, la gabbia è stata in realtà il vostro più grande alleato nella guarigione: *vi ha protetto in un momento in cui avevate bisogno di protezione.*

Il bello è che, quando si abbraccia la gabbia e si sceglie qualcosa di diverso dalla chiusura, ci si ammorbidisce. Ci si apre alla possibilità di essere in comunione con il proprio dolore. In definitiva, questo è l'unico modo per sciogliere le sbarre della gabbia ed entrare nella vera libertà, gioia e possibilità che esiste indipendentemente da essa.

Per uscire dalla gabbia, in realtà non dovete ottenere nulla "indietro". Questo è il punto in cui il mio approccio differisce radicalmente da quello che potreste aver sperimentato in altri tipi di terapie. Si impara invece a fare scelte diverse che non perpetuano l'abuso. Scoprite come connettervi con voi stessi al di là della follia che ha creato la gabbia. E scegliete di vivere senza fare di ciò che vi è successo (che sia stato un singolo atto o una serie di eventi) tutta la vostra vita.

È probabile che tutta la vostra realtà inizi a cambiare quando inizierete a notare come la gabbia invisibile si manifesta nella vostra vita.

Superare la gabbia dell'abuso

Lo scherzo crudele dell'abuso è che è finito molto tempo fa, eppure si continua a trattarsi come l'abusante ha trattato te.

Perché lo fate?

La gabbia invisibile dell'abuso vi tiene prigionieri della convinzione di essere in qualche modo sbagliati o cattivi; di non meritare di vivere per voi stessi, ma di dover fare ciò che gli altri pensano che dobbiate fare, o ciò che si suppone che dobbiate fare (proprio come accadeva durante l'abuso: facevate ciò che vi veniva detto e i vostri bisogni non avevano importanza). Oppure vi sentite costantemente in colpa se scegliete di mettere voi stessi al primo posto. E questo senso di colpa vi spinge costantemente a rientrare nella gabbia dell'abuso.

Quando si fa amicizia con la gabbia dell'abuso, si smette di essere in guerra con se stessi. È da qui che si inizia a scegliere se stessi e a impegnarsi per la propria vita.

Che aspetto ha?

Impegnarsi nella propria vita significa difendere ciò che si è scelto, qualunque cosa accada. È non arrendersi mai e non mollare mai (dice il combattente irlandese che è in me). Eppure non si tratta di *spingere, sforzarsi, escludere o combattere.*

Non dovete più dimostrare o lottare per avere la vostra vita per voi stessi. Semplicemente, potete sceglierla. Questo impegno per la vita non è pesante: è in realtà la facilità, la leggerezza, la gioia e il divertimento che sono possibili quando scegliete per voi. E richiede una gentilezza con voi stessi che forse non avete mai sperimentato prima.

Ma c'è un blocco più grande che potreste incontrare nell'impegnarvi nella vostra vita...

Ho guidato migliaia di persone a superare gli abusi sessuali subiti e una delle sfide più grandi con cui le vedo lottare è quella di lasciar andare la loro storia di abusi. È la loro storia e il ruolo di vittima all'interno della loro storia che impedisce loro di impegnarsi con se stessi. È come se fossero più impegnati nella storia dell'abuso che nella possibilità di vivere al di là di essa. Ci sono passato anch'io. Lo so bene. Eppure deve essere solo una "fase" del vostro viaggio dalla gabbia dell'abuso all'apertura radicale.

Quando ci si aggrappa alla storia dell'abuso, si rimane intrappolati nel ruolo di "vittima". Sembra che "la vita ti capiti", che tu sia vittima delle circostanze, che qualunque cosa tu faccia sarai comunque fregato, quindi perché preoccuparsi?

L'abuso, quindi, diventa un'ottima scusa per non impegnarsi nella propria vita.

Ma c'è un'altra possibilità che vorrei mostrarvi.

Quando si mette da parte la storia dell'abuso, si ottiene un sostegno per liberare tutta l'angoscia interiore relativa all'abuso e si esce dalla gabbia dell'abuso e dell'erroneità di sé, si apre uno spazio per qualcosa di nuovo:

Scoprite la "fenomenicità" di voi stessi.

Diventate *radicalmente vivi*: uno spazio in cui l'abuso non gestisce più la vostra vita e in cui state generando e creando una vita per voi stessi che va ben oltre ciò che avreste mai potuto immaginare.

Nel prossimo capitolo scoprirete di più su questa gabbia di abusi e sul suo impatto sulla vostra naturale capacità di creare.

LA CREATIVITÀ COME SPAZIO DELLA POSSIBILITÀ

Mi soffermo sulle possibilità.

— *EMILY DICKINSON*

L'abuso è uno dei maggiori ostacoli alla creatività.

In realtà, a dire il vero, non è l'abuso in sé perché, nella maggior parte dei casi, quando i miei clienti vengono da me, l'abuso è già finito. Può trattarsi di un episodio isolato nel loro passato o di molte esperienze di abuso nel corso di decenni.

In ogni caso, la sensazione che le persone descrivono è di "blocco". È come se fossero intrappolati in una gabbia invisibile, una sorta di forza distruttiva che impedisce loro di creare pienamente la propria vita.

Quindi, in realtà, è la *gabbia dell'abuso* uno dei maggiori ostacoli alla creatività. La gabbia dell'abuso perpetua la distruzione, il ritiro, la separazione e l'isolamento e, quando si è rinchiusi in essa, si è in uno stato costante di degradazione e depotenziamento di se stessi.

La gabbia invisibile dell'abuso

Se avete subito un abuso, è facile che rimaniate bloccati nella ripetizione degli schemi di quell'abuso passato che si manifestano come limitazioni alla salute, alle relazioni e al flusso di denaro.

In sostanza, le vostre capacità generative e creative di fare ciò che amate nel mondo si bloccano. È come se l'ago si incastrasse nella traccia della canzone "Non posso", "Non so cosa fare" e "C'è qualcosa che non va in me".

Come può ardere il fuoco della creatività quando c'è solo un'oppressione soffocante? E come si può attingere all'energia della creatività quando si è chiusi in una gabbia invisibile?

La distruzione prevale sulla creazione

Invece di creare la vostra vita, in realtà *scegliete inconsciamente* l'energia della distruzione. In modi sottili ma pervasivi, distruggete tutto ciò che desiderate creare. Questo può significare distruggere o porre fine a relazioni, mandare in bancarotta se stessi o indebitarsi finanziariamente, e/o essere distruttivi con il proprio corpo, senza mai rendersi conto che c'è qualcos'altro possibile. Sembra e ci si sente come se si stesse remando controcorrente, affrontando sempre una lotta, un ostacolo o una catastrofe.

Perché?

Perché la disarmonia e il conflitto ci sono familiari.

E l'armonia e la pace sono estranee.

La gabbia invisibile è radicata nella menzogna che ci sia qualcosa di sbagliato in noi. Si basa sulla storia che siete limitati e che vi manca qualcosa. I giudizi che esprimete su di voi (e potenzialmente anche sugli altri) sono focalizzati a distruggervi e a mantenervi piccoli. Non sono orientati a creare una vita di radicale vitalità.

Sembra una follia, lo so. Perché qualcuno dovrebbe scegliere di distruggere la propria vita piuttosto che crearla?

Tutto ciò che dovete fare, però, è osservare attentamente ed essere disposti ad essere completamente onesti. Chiedetevi:

Ho creato o distrutto la mia vita?
Ho creato o distrutto la mia relazione?
Ho creato o distrutto il mio rapporto con me stesso? Ho creato o distrutto il mio rapporto con il denaro? Ho creato o distrutto il rapporto con il mio corpo?

Siate sinceri con voi stessi

Come ho descritto nell'"Introduzione", i primi due decenni della mia vita sono stati pieni di abusi: fisici, sessuali, emotivi, mentali, finanziari. Provenivano da molti luoghi: membri della famiglia, amici della famiglia, la Chiesa, l'agenzia di modelle e guaritori.

Per tutta l'infanzia mi è stato detto in continuazione che ero malvagio e io ho creduto a questa bugia. È diventata la gabbia in cui ho vissuto.

Durante il mio processo di guarigione, ero determinata a usare la mia esperienza di abuso come catalizzatore per la Beyond Abuse Revolution e, successivamente, per il movimento Live Your ROAR. Per riuscirci, però, ho dovuto prima essere onesta con me stessa e vedere come stavo distruggendo e non creando la mia vita, le mie relazioni, la mia carriera, le mie finanze, il mio corpo, la mia salute e il mio intero essere.

Per esempio, non ho mai desiderato che qualcuno si avvicinasse a me perché temevo che anche loro vedessero la mia malvagità e scappassero via urlando. Come potevo creare qualcosa di diverso dalla distruzione se ero malvagio e nessuno mi avrebbe mai amato?

Crescendo ho anche imparato il linguaggio della scortesia, che ho usato nelle relazioni da adulto. Ho creato un conflitto piuttosto che una comunione che ha portato al divorzio e alla disperazione.

A vent'anni ho scavalcato i bisogni del mio corpo e mi sono impegnata in modelli distruttivi: droghe, sesso e sovralimentazione. Avevo soldi, ma mi sentivo in colpa perché io li avevo e gli altri no, quindi pagavo per tutti gli altri nel tentativo di comprare il loro amore.

Tutti questi comportamenti mi tenevano intrappolata nella gabbia invisibile dell'abuso, ripetendo gli stessi schemi abusivi che mi erano familiari fin dalla mia infanzia. Tutto ciò che sapevo era distruggere me stessa e tutto il resto della mia vita.

Il ponte oltre la gabbia

Il punto di svolta per me è arrivato quando la mia professoressa universitaria mi ha contattato e mi ha chiesto se stavo bene, e questa conversazione con lei è diventata il ponte per un nuovo capitolo della mia vita. Mi ha aiutato a capire che c'era un altro modo di vivere, oltre a quello di ripetere gli schemi dell'abuso.

Mi sono impegnata a trovare la via d'uscita dalla gabbia che mi teneva intrappolata nella distruzione piuttosto che vivere veramente la mia vita. Sono diventata dottoressa in psicologia e ho studiato decine di modalità di guarigione. Lavorando con terapeuti e guaritori, ho percorso contemporaneamente il mio cammino di guarigione e ho aiutato i clienti, guidandoli nel loro viaggio di guarigione oltre la gabbia invisibile dell'abuso.

Oggi, a distanza di oltre vent'anni, ho lavorato con migliaia di clienti in tutto il mondo e sono profondamente umile e grata che quei primi anni di vita, caratterizzati da tanti abusi, siano diventati il catalizzatore per dare un calcio all'abuso.

Sono entusiasta di condividere le chiavi che ho scoperto per aprire la gabbia dell'abuso, perché oltre la gabbia, oltre il ponte, c'è un modo di vivere radicato nell'energia della possibilità e della creatività.

Questo modo di vivere è quello che io chiamo essere *radicalmente vivi*.

Benvenuti a Radical Aliveness

Immaginate quanto segue...

Vi svegliate con una marcia in più, felici di essere vivi e pronti a vedere cos'altro è possibile per la giornata. Dall'inizio alla fine, la vostra giornata è piena di scelte basate sui vostri desideri e che, a partire da questi, tutto è possibile e voi siete una calamita generativa e creativa.

Le persone amano stare intorno a voi. Cambiate l'energia di tutto ciò che vi circonda semplicemente essendo voi stessi.

Le vostre relazioni sono basate sulla comunione e sull'armonia. Sono divertenti, facili, gioiosi e reciproci. Il vostro corpo è sano e vibrante. Siete pieni di energia. Avete una luce speciale su di voi.

I vostri affari vanno a gonfie vele e i collaboratori che avete ridono e si uniscono a voi in qualsiasi cosa stiate creando. Ogni giorno è una nuova possibilità di ricevere denaro, sostegno e possibilità.

La vita è un'avventura gioiosa. Risate e leggerezza infondono il vostro corpo. Siete stupiti di sentire una tale alleanza con voi stessi.

Le persone ti chiedono cosa hai fatto per cambiarti e tu rispondi: "Ho scelto me e la felicità e ho creato ciò che sapevo essere possibile".

Ispirante, non è vero?

Questa è la vita che vi aspetta per essere scelta.

Lasciate che vi presenti le chiavi per liberarvi dalla gabbia dell'abuso, in modo che anche voi possiate attraversare il ponte e sperimentare la Radical Aliveness.

Le 4 C: scegliere, impegnarsi, collaborare e creare

Le 4 C sono le chiavi che vi libereranno dalle bugie e dalle limitazioni in cui vi siete imbarcati e dal ciclo distruttivo che ha perpetuato i vostri precedenti abusi.

Scegliete voi

Cosa significa "scegliere te"?

Avete presente quando avete una relazione con qualcuno e fate di tutto per sostenere lui e non voi? Questo è un esempio di come voi **non** scegliete voi stessi. Quando fate per gli altri a spese di voi stessi, li rendete più importanti di voi. Questo è ciò che accade negli abusi: i vostri desideri e bisogni diventano irrilevanti.

Quando scegliete voi, le vostre esigenze e i vostri desideri diventano importanti.

Diventate una priorità. Iniziate a creare la vostra vita.

Quando scegliete voi stessi, potete ancora essere generosi ed essere presenti per gli altri, ma **non** a spese vostre. Includete voi stessi in tutte le vostre scelte e relazioni.

Cosa potreste creare quando scegliete voi stessi?

Impegnarsi per voi

Quando vi impegnate con voi stessi, vi impegnate a non arrendervi mai, a non mollare mai e a non lasciare che qualcuno o qualcosa vi fermi. È come se vi impegnaste a scegliere voi stessi ogni momento, ogni giorno.

In altre parole: non si abbandona.

Mai.

La mia tenacia nel superare i primi vent'anni della mia vita e tutti gli abusi subiti è venuta da questo luogo di impegno nei miei confronti. Quando ho capito che vivevo in una gabbia di abusi e che c'era qualcosa che potevo scegliere al di là della gabbia, ho giurato di non mollare mai finché non fossi uscita dalla gabbia e non fossi stata dall'altra parte del ponte.

Ho anche giurato di dare la possibilità a quante più persone possibile di liberarsi dalla gabbia dell'abuso scegliendo se stesse e impegnandosi per la propria vita.

Quando vi impegnate con voi stessi, vi impegnate a *essere tutti voi stessi in tutte le vostre relazioni*. Non vi separate da voi stessi per cercare di compiacere o accontentare gli altri. Il paradosso è che, quando vi impegnate con voi stessi, diventate più disponibili a impegnarvi con gli altri in modi armoniosi e reciprocamente soddisfacenti.

Cosa potreste creare quando vi impegnate per voi?

Collaborare con l'Universo

Come ho detto prima, quando ci si trova nella gabbia dell'abuso si può avere la sensazione di remare controcorrente e di dover sempre affrontare una lotta, un ostacolo o una catastrofe. Ci si sente come se il mondo volesse prenderci.

Anch'io l'ho creduto per molto tempo. Pensavo che

tutti fossero contro di me e che dovessi fare tutto da sola.

È una bugia.

Perché, in realtà, l'Universo sta cospirando per benedirvi e fare il tifo per la vostra gioia e il vostro successo. Tutto ciò che dovete fare è collaborare con lui aprendovi a ricevere il contributo e il sostegno di tutte le persone e le possibilità che *desiderano* darvi.

Ed è semplice come chiedere.

Quando sarete disposti a chiedere - e a ricevere - scoprirete che c'è molto di più a vostra disposizione per creare la vostra vita.

Cosa potreste creare quando collaborate con l'Universo?

Crea la tua vita

Potete iniziare una nuova conversazione con l'Universo ponendo le seguenti domande:

- *Che cosa è divertente per voi?*

- *Cosa ti illumina?*

- *Come potrebbe essere diversa la vostra vita se la creaste per voi?*

- Cosa scegliereste per voi quando non siete concentrati a fare degli altri la vostra più grande priorità?

Quando continuate ad attingere a ciò che desiderate e permettete che sia la vostra priorità principale, creerete una vita stimolante ed espansiva per voi stessi.

Sarete il creatore e non il distruttore della vostra vita.

E davvero, come si può fare meglio di così®?

L'energia della creatività

Le 4 C vi faranno uscire dalla gabbia e vi faranno attraversare il ponte verso una radicale vitalità, un passo alla volta, una scelta alla volta, in modo che, invece di distruggere la vostra vita, ora la stiate creando.

Iniziate innanzitutto scegliendo di mettere in discussione la gabbia, per capire che è fatta di bugie e limitazioni che non sono vere per voi. Dovete essere disposti a lasciare andare i vecchi schemi del "non posso", "non so cosa fare" e "ho qualcosa che non va".

Quando mettete in discussione la gabbia e chiedete cos'altro è possibile, iniziate a camminare fuori dalla gabbia e ad attraversare il ponte verso un'altra possibilità. Il desiderio di qualcosa che vada oltre la gabbia dell'abuso è il carburante che vi porterà avanti.

Cosa chiede di essere creato ora? Sceglietelo! Siate lo spazio della possibilità.

Nel prossimo capitolo, imparerete a conoscere un tipo di energia unico che si

a disposizione per creare la vita che avete scelto.

3

———

CREARE LA PROPRIA VITA
"CADENDO INSIEME"

"...E direi che il mondo è pieno di cose meravigliose che non hai ancora visto. Non rinunciate mai alla possibilità di vederle".

— *JK ROWLING (POST SU TWITTER)*

Come operatore di guarigione, gioco nel regno della coscienza per aiutare le persone a trasformare la loro vita e a vivere in modo radicale. Poiché molti dei miei clienti provengono da un qualche tipo di abuso nel loro background, questa trasformazione può essere molto spettacolare e drammatica.

Se c'è un "segreto" per il loro successo nel fare questo salto, direi che è stato scoprire e possedere la loro capacità di entrare in pieno nell'energia del *"ce l'ho"*! *A prescindere da tutto.*

Quando scegliete questo spazio, percepirete un'espansione e una densità palpabili allo stesso tempo, come una palla di energia che vive all'interno di un flipper gigante, che sfreccia nello spazio, rimbalzando su ciò che non funziona fino a quando, alla fine, atterrerete dove avevate previsto e scelto.

L'energia del *"ce l'ho!"* genera l'idea che, a prescindere dal luogo da cui venite, dalla vostra storia, dagli abusi, dai traumi o dalle orribili tragedie che hanno colpito voi o la vostra famiglia, dalle relazioni che non hanno funzionato, dai soldi che non avete o che avete perso o dai conflitti in cui siete coinvolti, non vi fermerete finché non avrete ciò che desiderate.

Quindi, anche se siete metaforicamente in quel flipper che va da una parte all'altra, due lunghezze avanti e una indietro, continuate a "cannoneggiare" nella vita con la consapevolezza che, a prescindere da ciò che non riuscite a superare, non sta funzionando per voi e non vi fermerete finché non cambierà.

Lo prendo! Non importa cosa.

All'inizio può sembrare un po' difficile. Mi fa pensare all'adagio "Lavorare sodo, giocare sodo" e, anche se non è questo di per sé - perché l'energia *"Io ce l'ho!"* è in realtà facile -, ci vuole quella tenacia della coscienza per continuare a caricare in avanti, indipendentemente dai blocchi percepiti che apparentemente vi rifiutano o cercano di fermarvi. In effetti dite: "Ok, non ha funzionato". La scelta crea consapevolezza. *Lo farò! A prescindere da tutto.* Qual è il prossimo passo?".

E poi andare avanti.

Fino a che punto si può arrivare?

Una delle mie clienti, ad esempio, ha sentito i sussurri della coscienza di avere un bambino nello stesso momento in cui il suo matrimonio decennale stava andando in pezzi. Aveva sempre desiderato avere un bambino, ma per molte ragioni non aveva funzionato. Nonostante tutto questo, il desiderio di avere un bambino continuava a tormentarla.

Durante questo periodo, ha lavorato a lungo con me per scegliere di ascoltare il sussurro e, così facendo, tutto ha iniziato a cambiare rapidamente. Era determinata ad avere un figlio da sola, a qualunque costo, e iniziò a prendere le grandi decisioni necessarie per creare la vita che desiderava, compresa la scelta di divorziare e di avere un bambino da sola. All'inizio ha incontrato un ostacolo dopo l'altro. I medici della fertilità non volevano averci niente a che fare, perché il divorzio confondeva le cose. Poi, una volta rimasta incinta, ha dovuto affrontare la discriminazione come madre single nella sua azienda, nonostante fosse un'impiegata di alto livello in una posizione prestigiosa.

Ma più la sua vita andava in pezzi, più lei si impegnava nel processo e lavorava per ripulire la sua coscienza.

In sostanza, ha detto: "Sto per avere questo bambino. Sento l'energia di questo spirito intorno a me e non ho intenzione di rinunciarvi. Ho scelto di creare questo. Cosa devo fare perché questo accada e cosa funzionerà per me?". In questo modo, ha ascoltato i sussurri della coscienza sullo spirito di questo bambino e ha trovato un modo per rimanere incinta, assumendosi la pragmatica di questo. Ha scelto di utilizzare gli strumenti della guarigione energetica e l'energia *"Io lo avrò!"* di "Io scelgo me, non importa come".

Comando e domanda

Indipendentemente da ciò che non funziona, in qualche modo, ci sarà un'apertura, anche se è minuscola come un buco di spillo che dovrete spremere per passare. Questo, tuttavia, non richiede di piegarsi, piegarsi, mutilarsi o spremersi per farlo.

Invece, vi state "spremendo" dagli obblighi, dai giuramenti, dalle promesse, dai contratti, dalla genetica, dall'ascendenza, dai sistemi di credenze e dalla realtà fisica che vi dice: "Non puoi avere tutto. Non puoi dire ciò che desideri veramente. Non puoi creare la tua vita nel modo in cui la desideri davvero".

Quando si oltrepassa il limite di questa energia, si possono intimidire alcune persone intorno a noi. Potrebbero confondere la richiesta di voi stessi con l'"essere esigenti", soprattutto se sono cresciuti con genitori o altri genitori violenti o "esigenti" e non capiscono la distinzione. Fare una richiesta è un'energica presa di posizione del tipo "lo voglio!", mentre l'altra può avere un risvolto abusivo. Non potrebbero essere più fondamentalmente diversi.

Purtroppo, quando si arriva al dunque, la maggior parte delle persone non crede di poter comandare e pretendere la propria vita, di poterla creare con la facilità che veramente può avere, e quindi vive la propria vita come "un gioco di attesa". Aspettano la volontà di cambiare di qualcun altro, la creazione e il successo di qualcun altro per poter saltare su e diventare qualcosa. Aspettano la volontà di cambiare di qualcun altro, la creazione e il successo di qualcun altro per poter saltare su e diventare qualcosa.

Se si cavalca la scia di un altro in questo modo, si diventa più un parassita che succhia energia piuttosto che un generatore di energia per se stessi, per la propria attività e per le proprie relazioni. È l'opposto di "*Io ce l'ho*"! È più simile a: "Loro lo stanno facendo e io vado a vedere cosa posso ricavarne!".

Naturalmente, questo non fa nulla per trasformare ulteriormente la loro vita o essere l'agente di cambiamento in collaborazione con gli altri o con la terra.

L'autocompiacimento in cui vivono le persone le pone in uno stato di ennui, perennemente in un limbo, in attesa che "ciò che è" cambi. Certo, desiderano qualcosa di più e ne parlano in continuazione, ma non riescono mai a generare e a creare. I loro pensieri tendono a ritornare su se stessi come una tigre che si rincorre la coda:

"Perché continua a succedermi questo? È tutto così difficile. Non mi va mai bene niente, per quanto mi sforzi. Perché è tutto così difficile? Come mai per gli altri funziona ma per me no?".

Le loro vite sono confinate in un'area molto piccola, che ho descritto prima, come una sorta di gabbia autoimposta con "sbarre" energetiche che li tiene imprigionati.

Quindi, come si presenta la mentalità del comando e della richiesta in diverse situazioni? Sul posto di lavoro, invece di essere passivi, si dovrebbe avere un approccio proattivo alla vita. Un approccio più proattivo implica la formulazione di richieste per il proprio sviluppo professionale, la definizione di obiettivi chiari e la creazione attiva di opportunità. Si tratta di dire: "Voglio questo percorso di carriera e lo realizzerò".

Questa mentalità tende a essere potenziante e può portare a una vita professionale più soddisfacente. In un contesto aziendale, si tratta di essere una forza generativa e creativa nella propria azienda, plasmandone attivamente la traiettoria e il successo. È necessario riconoscere la differenza tra il co-creare un'attività fiorente e il limitarsi a beneficiare degli sforzi altrui.

Tuttavia, bisogna fare attenzione nelle relazioni: è essenziale riconoscere la distinzione tra l'affermare le proprie esigenze e l'essere dominanti. Non si tratta di sopraffare gli altri, ma di esprimere chiaramente i propri desideri e le proprie aspettative in una relazione. Una comunicazione sana e aperta può portare a legami più soddisfacenti. Al contrario, l'approccio passivo nelle relazioni si traduce spesso in bisogni non soddisfatti e desideri non espressi, che portano a frustrazione e insoddisfazione.

E quando si tratta di affrontare le sfide, prendere la strada del comando e della domanda significa riconoscere le sfide come opportunità di crescita e cercare attivamente delle soluzioni. Si tratta di non arrendersi di fronte alle avversità e di capire che il cambiamento può essere creato con l'intenzione e lo sforzo.

Liberarsi

La gabbia dell'abuso è costituita da quattro "pilastri" che io chiamo le "4 D". Più avanti, nel Capitolo 6, li esploreremo più a fondo, ma per ora è utile sapere quali sono:

- Dissociazione

- Rifiuto

- Difesa

- Disconnessione

Nel mio lavoro, aiuto le persone a identificare questa gabbia invisibile in modo che non solo possano sbloccarla e uscire verso la libertà, ma anche attraversare il "ponte" verso la Radical Aliveness in *I'm having it! Non importa quale sia l'*energia.

Se ricordate il capitolo precedente, anche l'Alività radicale ha quattro componenti: le "4 C":

- Scegliere per voi

- Impegnarsi con voi

- Collaborare e sapere che l'universo sta cospirando per benedirvi.

- Creare la vita che si desidera

Quando si aspetta, non si sta scegliendo. Lasciate la porta sul retro aperta, così non si crea nulla se non il trauma e il dramma del flipper. Questa è distruzione e depotenziamento e ciò che vi tiene chiusi nella gabbia invisibile dell'abuso.

È tutta una questione di grande energia

Il concetto di "*I'm having it*" si basa su una grande energia, o pronoia.

Nel suo libro *Pronoia Is the Antidote for Paranoia, Revised and Expanded: How the Whole World Is Conspiring to Shower You with Blessings*, Rob Brezsny la descrive come "l'antidoto alla paranoia. [La pronoia è la comprensione che l'universo è fondamentalmente amichevole. È un modo di allenare i vostri sensi e il vostro intelletto in modo da essere in grado di percepire il fatto che la vita vi dà sempre esattamente ciò che desiderate, esattamente quando lo richiedete".

Potete scegliere di diventare un'intensità dalla quale nulla può fermarvi, qualunque cosa accada. Sì, potreste girare per un po', o rimbalzare avanti e indietro in quel flipper fino a quando non diventerete il mago del flipper - concentrato, diretto, esigente e che sceglie deliziosamente ciò che desidera. E molto spesso, all'inizio, tutto potrebbe iniziare a crollare e a scomparire (e probabilmente all'inizio vi opporrete), ma vi imploro di riceverlo come un segno che le cose stanno funzionando, che l'universo sta cospirando per benedirvi. Questo crollo è una parte naturale ed essenziale del processo di creazione.

Un esempio personale

Di recente mi stavo preparando per un tour di sei settimane che avevo programmato, quando all'improvviso, di punto in bianco, mi sono arrivate richieste finanziarie inaspettate. La mia reazione immediata è stata: "Oh, non posso partire adesso e fare tutto questo. Devo lavorare di più e pagare tutto questo: è la cosa più pragmatica da fare. Non dovrei salire su un aereo ora per andare da qualche parte a prendermi cura di me stesso o a facilitare gli altri. Come posso andarci se non ho tutto sotto controllo?".

Chiaramente, questa era la voce del "non ci sto", quella che dice,

"Vedi? Te l'avevo detto... non puoi averlo". È buffo come ogni volta che ci muoviamo in avanti, in realtà mettiamo in atto il trauma delle cose che ci vengono incontro per bloccarci dall'essere il mago, il creatore magico che possiamo davvero essere.

Come se non bastasse, allo stesso tempo le cose sono precipitate sul fronte sentimentale quando il mio "altro piacevole" ha lasciato la nostra relazione e ha messo fine a "noi" unilateralmente. Probabilmente avrei scelto diversamente e avrei detto: "Ehi, cosa possiamo fare insieme?", consapevole del fatto che a volte non si può fare insieme, ma bisogna farlo da soli.

Cosa si può fare quando qualcuno fa una scelta che non è la vostra? Scegliete anche voi. È una scelta che mi *sta bene! Non importa quale* scelta.

Così, ho scelto di partire per quelle sei settimane, ho scelto di lasciar andare completamente questa rela-zione, ho scelto me e ho scelto di sapere che l'universo cospirerà per benedirmi e che tutto sul fronte finan-ziario genererà nuove possibilità facilmente e senza sforzo.

Ed ecco la straordinaria consapevolezza che deriva dall'aver ascoltato quei sussurri e dall'aver scelto voi insieme alle benedizioni dell'universo: Tutto è andato meglio di quanto avrei mai potuto immaginare. Sì, ci sono stati degli ostacoli sulla strada, ma niente di meno che l'espansività mi ha accompagnato in questo viaggio. Sono cambiata per sempre e sono impegnata con me stessa.

Lo prendo! Lo scelgo io! Scelgo me!

In questa energia c'è la volontà di lasciare andare tutto. Bisogna essere disposti a perdere tutto per avere tutto. E, anche se può sembrare una cosa negativa, se guardate bene, di solito scoprirete che la maggior parte è roba che non volevate comunque perché, a un certo livello, non vi sosteneva pienamente.

Ammettiamolo...

Se volete qualcosa che sia un "10", probabilmente dovrete lasciare andare il "9" a cui vi aggrappate, anche se inizialmente lasciare andare la forma e la struttura può essere la parte più difficile. Nel mio caso, non ho avuto problemi a lasciar andare o a far cambiare nulla di ciò che ho condiviso sopra. La difficoltà in cui mi sono bloccata è stata quella di "credere" che dovesse apparire in un certo modo per adattarsi a questa realtà - fino a quando non sono entrata in sintonia con lo spirito del cambiamento e ho scelto di continuare a scegliere me e di mantenere viva la richiesta di "*Io ce l'ho! Non importa cosa sia* radicalmente vivo. Non importa chi perderò, cosa perderò, chi lascerà la mia vita, chi lascerà la mia vita, io non rinuncerò mai a me.

Se prestate attenzione quando la vita sta andando in pezzi in questo modo, potete davvero sentire e percepire l'energia del cambiamento - spesso si tratta del vero cambiamento che chiedevate da tempo. È così che mi sono sentita mentre guardavo la mia intera vita andare in pezzi proprio davanti ai miei occhi, sciogliersi in liquido e alimentare la terra. Ma anche con tutta l'appiccicosità, l'appiccicosità e la spremitura di emozioni, sapevo che non c'era nulla che si verificasse nell'energia che non avrei avuto nel cambiamento.

In queste situazioni, ho scoperto che la cosa migliore da fare è un po' controintuitiva: giocare, giocare con l'energia e cavalcare il flipper attraverso la fessura per raggiungere tutto ciò che è espansivo e leggero. Spesso ci arrendiamo proprio prima che arrivi la magia.

Perché, ecco come stanno le cose...

E se tutto si stesse davvero ricomponendo?

L'energia può sembrare che tutto stia andando a rotoli, ma se in realtà tutto stesse andando a rotoli?

Certamente, questo è il momento in cui potreste fare una scelta pragmatica e rinunciare a ciò che realmente chiedete e desiderate. Oppure, potreste dire: "No, posso creare questo, posso fare questo, richiedo questo, sto collaborando con l'universo, sto scegliendo me stesso e mi sto impegnando a creare la mia vita insieme".

Dovete sapere che l'universo cospira per benedirvi, perché voi siete la richiesta per voi, anche quando l'aspetto delle cose cambia. Se guardate alla natura, vedrete che questo è l'ordine naturale delle cose. Cosa succede dopo un incendio nel bosco? Una nuova vita respira e cresce.

Nella creatività c'è sempre una rottura, un movimento in uno spazio espansivo di scelta e creazione. Simile alla pratica cinese del Feng Shui, in cui si spostano e si riorganizzano consapevolmente le cose per creare un ambiente più armonioso e prospero, l'energia *I'm having it!* è il movimento delle molecole dentro di voi per incarnare la richiesta di vivere radicalmente al di là di tutto ciò che avete permesso finora.

È tutta una scelta La vostra scelta

Essere la forza generativa, l'energia del *"ce l'ho"*, è l'opposto dell'attesa. È una scusa, in realtà, aspettare che le cose si "svolgano", aspettare quel "segno" o che qualsiasi cosa stiate aspettando sia evidente. Vi mettete nella posizione di dover aspettare molto a lungo.

Chiedo alle persone: "Non avete aspettato abbastanza che qualcun altro fosse la richiesta nella vostra vita? E se foste voi l'energia che state aspettando?".

Vi rendete conto che potete essere una richiesta per voi anche quando vi unite a un altro? Questo è ciò che ho creato con il mio team presso la sede di Live Your ROAR LLC. Ognuno è diventato il catalizzatore per andare oltre l'abuso e vivere radicalmente. Nessuno cavalca le mie code. Tutti noi chiediamo all'azienda cosa desidera e cosa vorrebbe avere e poi ci impegniamo a crearlo. Viviamo come una richiesta e l'universo ci benedice con le nostre richieste.

Se siete una persona che ha l'energia del "*ce l'ho*"! *A prescindere da tutto*, stare vicino a persone che "aspettano" può rivelarsi a dir poco impegnativo. Per esempio, diciamo che siete proprietari di una piccola impresa e avete un dipendente che ha problemi a ricevere denaro. Ovviamente, probabilmente non ne eravate a conoscenza quando li avete assunti e li avete messi in una posizione in cui devono rendere conto del denaro. In seguito, ogni volta che gli chiedete lo stato di un pagamento, notate che inventano scuse o dicono cose del tipo: "Sì, ho parlato con il cliente e mi ha detto di aver pagato", anche se la banca vi ha informato che il pagamento è stato rifiutato. Continuate ad andare avanti e indietro e questo accade ancora e ancora.

Ciò che accade è che, rifiutandosi di ricevere denaro per se stessi, bloccano inconsciamente anche la ricezione di denaro per conto dell'azienda. Questo crea un gioco di attesa per ricevere denaro e può distruggere imprese e relazioni.

Quando si tratta di denaro, riceverlo e riscuoterlo richiede il potere personale di scegliere ciò che si desidera al di là di ciò che si ha. In altre parole, richiede l'energia *"Io ce l'ho! Non importa quale sia l'*energia.

L'energia generativa di *I'm having it!* è uno spazio senza esclusione di colpi, che va avanti e crea. Indipendentemente da dove ci si trovi o da dove si voglia arrivare, il processo creativo è sempre lo stesso e si può presumere che, quando ci si avvicina abbastanza da assaggiarlo, le cose cominceranno a scaldarsi, a implodere o a crollare.

È in questo preciso momento che dovete lasciarvi andare e entrare a pieno titolo nel *"Io sto avendo"*, in modo che tutto si allinei con l'universo e con la vostra scelta. Questo fa sì che tutto dipenda da voi e dalla vostra volontà di permettere alla grandezza di questa realtà che è qui di collaborare con voi e benedirvi.

Tuttavia... c'è una "fregatura".

La vostra disponibilità a permettere tutto questo sostegno a vostro favore presuppone la capacità di ricevere davvero, e ho scoperto che questo è il punto in cui le persone che hanno subito abusi hanno spesso problemi.

Francamente, non lo fanno molto bene.

Andiamo avanti e scopriamo cosa serve per diventare un "wide receiver".

4

———

LA GENTILEZZA... IL GRANDE FIUME
CHE SCORRE IN VOI

La gentilezza costante può fare molto. Come il sole fa sciogliere il ghiaccio, la gentilezza fa evaporare incomprensioni, diffidenze e ostilità.

— ALBERT SCHWEITZER

Siete nati per essere gentili - e non me lo sto inventando.

Secondo un'intervista pubblicata su *Scientific American* dal titolo "Dimenticate la sopravvivenza del più adatto: È la gentilezza che conta", la gentilezza è "cablata" nel nostro cervello.

Non che tutti lo facciano di default, ma è un dono innato.

Il mio intento in questo capitolo è di far luce su questo tema in un modo che forse non avete mai considerato prima, perché la gentilezza è molto più di una semplice buona idea o di qualcosa che si fa per essere "gentili".

È in realtà una forza, o un potere, che, come ha detto elegantemente Albert Schweitzer, "fa evaporare l'incomprensione, la diffidenza e l'ostilità".

E se avete subito una qualsiasi forma di abuso nella vostra vita, passata o presente, vorrete conoscere questo amico interiore.

Personalmente, ho fatto amicizia con essa solo a vent'anni, dopo che la mia professoressa di violenza familiare mi ha mostrato cosa fosse la gentilezza avvicinandomi e chiedendomi se stavo bene. Aveva notato il mio linguaggio del corpo, che si era formato intorno a due decenni di abusi, traumi e giudizi con cui avevo convissuto da piccola. Le mie spalle erano inarcate, quasi fino alle orecchie, nel tentativo di proteggermi dalle percosse che mi venivano inflitte fisicamente, verbalmente ed energicamente.

Avevo anche altri comportamenti evidenti che derivavano dall'abuso sessuale che avevo subito da bambina. Almeno, erano evidenti a un occhio esperto. Questi schemi di abuso erano stati interiorizzati a molti livelli, sia nel modo in cui camminavo e mi tenevo, sia nel modo in cui comunicavo a me stessa e agli altri.

Oggi mi riferisco a questo come alla "somatizzazione del trauma", a quei modi di essere che diventano una parte solidificata della nostra struttura fisica ed energetica, integrata e bloccata nella nostra struttura cellulare e molecolare.

Sembra pesante, vero? Come una fortezza inespugnabile.

La buona notizia è che, se lo è, la gentilezza è come un motore d'assedio che lo abbatte.

La Fortezza del Giudizio

Ecco il problema del giudizio...

Esiste da moltissimo tempo, migliaia e migliaia di anni. Gli esseri umani l'hanno perfezionata come "abilità". Ma questo non è il peggio.

Il giudizio è intessuto nel tessuto del nostro DNA. Lo ereditiamo quando nasciamo nella coscienza collettiva, e le sue linee generazionali vengono portate avanti nel tempo e trasmesse a noi. Questo finché qualcuno non interrompe il ciclo. È quella cosa dei "peccati del padre".

Cosa bisogna fare per spezzare il ciclo?

Ottima domanda...

Ma prima di farlo, analizziamo ciò che il giudizio perpetua nella vostra vita *se non lo fate.*

- Il giudizio vi fa mentire a voi stessi e vi rinchiude in una "gabbia invisibile di abusi", che vi tiene lontani da voi stessi, dagli altri, dalla vita e certamente dalla creazione della vita che desiderate.

- Il giudizio è una forma di costrizione e limitazione, un dispositivo autodistruttivo e una forma pervasiva di *abuso di sé.* È l'opposto dell'espansione che vi mantiene piccoli e in difficoltà, vittime e impotenti, corazzati e insensibili. Di conseguenza, smettete di generare e creare al di là della gabbia; al contrario, perpetrate il vostro io insicuro e debole e mantenete il ciclo dell'abuso.

- Quando vi giudicate, diventate il vostro eterno carceriere e vi rinchiudete ulteriormente nell'erroneità di voi stessi. Il giudizio vi riporta al conforto di ciò che sapete (quanto siete "cattivi") e vi garantisce che non dovrete mai essere più di quanto siete ora. Solidifica la gabbia invisibile dell'abuso.

- Quando si giudica un altro, in realtà ci si difende, ci si disconnette, si nega e ci si dissocia da ciò che non si è disposti a vedere di se stessi. Le chiamo le "4 D". Per sua natura, il giudizio vi isola e vi separa, l'opposto dell'unità e dell'appartenenza.

- Il giudizio è in realtà qualcosa che io chiamo "ricezione forzata" perché, in sostanza, vi state forzando ad accettare i giudizi di qualcun altro, in particolare quando siete stati maltrattati e avete dovuto ricevere qualcosa che non volevate - che siete stati costretti a ricevere. Di conseguenza, sviluppate "aculei" affilati, simili a frecce, come un porcospino, che possono e vogliono respingere le persone dall'avvicinarsi troppo.

I giudizi sono resistenze alla realtà che usiamo per proteggerci. Molti di essi li abbiamo appresi da bambini, o perché li abbiamo visti o sentiti, o perché li abbiamo decisi in reazione a qualcosa che ci era successo. Queste decisioni sono poi diventate abitudini di pensiero, la lente attraverso cui vediamo e viviamo con il pilota automatico per il resto del volo.

Il problema è che, continuando a usarli nei nostri incontri quotidiani con la vita, tagliamo fuori qualsiasi altra possibilità che potremmo essere, fare o avere.

Ed è a questo scopo - cancellare e trasformare questi giudizi per vivere una vita liberamente gioiosa - che ho dedicato la maggior parte della mia carriera e della mia pratica di guarigione.

In effetti, ho un nome per questo. Lo chiamo vivere il proprio ROAR - una realtà radicalmente, orgasmicamente, viva. Sembra divertente?

Sei tutta una possibilità

La vostra vera natura è creatività, abbondanza ed espansione senza limiti.

Quando si è seduti dietro una scrivania in un bugigattolo può non sembrare così, quindi il modo migliore che conosco per apprezzare davvero e crescere nella consapevolezza di questa conoscenza è frequentare più spesso la natura.

Non dovete nemmeno fare nulla...

Vi verrà in mente intuitivamente.

Uno dei motivi per cui stare nella natura è così potente è che la terra è l'unico luogo in cui il giudizio non può risiedere. È il luogo in cui potete tornare più e più volte per rilasciare i vostri giudizi e sentire la pace e le possibilità dell'espansione. In realtà è una gentilezza regalare i propri giudizi alla terra.

Regalando alla terra il letame dei vostri giudizi, fertilizzate letteralmente una nuova possibilità per voi stessi e per tutti gli altri.

Quindi cosa è possibile fare?

Innanzitutto, una volta usciti dalla gabbia dell'abuso che vi tiene in una storia di "vittima", il mondo intero si apre a voi. Là fuori, nello spazio aperto e selvaggio, ci si rende conto di avere altre scelte su come vivere e relazionarsi con se stessi e con gli altri.

Ad esempio, nel mio caso, quando ho scoperto chi ero veramente, al di là di una ragazza chiusa, infelice e autodistruttiva, ho scoperto di essere gentile, brillante, fenomenale e divertente.

Chi e cosa sta aspettando di essere visto da voi?

Man mano che esercitate nuove scelte, cominciate a diventare più sicuri di voi stessi. I vecchi schemi di abuso non hanno più potere su di voi. Ora avete il potere sul vostro abuso e, con esso, il potere di scegliere una nuova vita per voi stessi.

Non create più la vostra vita dalla distruzione, ma dalla scelta.

So che può sembrare un'impresa ardua perché, francamente, potreste essere più legati alla storia della vittima che alla possibilità di una vita al di là di essa.

Lo vedo spesso nelle persone che vengono a trovarmi per la prima volta. Potreste sentirvi vittime delle circostanze, come lo sono stata io per tanto tempo, come se non ci fosse nulla da fare per cambiare le cose.

Ma è una bugia...

Semplicemente.

La gentilezza come energia generativa

È comune che i bambini che hanno subito abusi credano di essere cattivi e sbagliati, ma ci è voluta quella conversazione con la mia professoressa di violenza familiare all'università, e il suo aiuto, per capire che non ero inutile.

Questa professoressa è stata la prima persona a chiedermi se stavo bene, e questo singolo atto di gentilezza mi ha inondato di consapevolezza di quanto *non* stessi bene. Grazie al suo sostegno, ho iniziato a capire che potevo fare qualcosa per superare gli abusi subiti in passato, e che un giorno avrei potuto andare oltre la sopravvivenza, persino oltre la prosperità.

Era come se mi avesse passato la chiave segreta per liberarmi dalla gabbia dei miei abusi.

Ho iniziato a vedere i modelli abusivi e distruttivi che perpetuavo attraverso un comportamento sconsiderato e mi sono impegnata a scegliere diversamente. Non l'ho fatto da sola. Grazie al sostegno di un professionista e a conversazioni riservate, sono riuscita finalmente a liberarmi della storia di vittima che avevo vissuto per quasi tre decenni.

Quando l'ho lasciata andare, anche la gabbia invisibile ha cominciato a sgretolarsi. Non avevo più bisogno delle barriere e dei muri che avevo eretto per proteggermi, perché pian piano mi sono resa conto di avere altre scelte per il mio modo di vivere e di relazionarmi con me stessa e con gli altri.

E tutto è iniziato con quel singolo atto di gentilezza che, in effetti, ha fatto "evaporare incomprensioni, diffidenze e ostilità".

Ovviamente, non tutti i momenti di gentilezza sono in grado di fare questo. La gentilezza ha molte facce. Va dall'atto più semplice, come un sorriso, che non richiede più di un secondo, alle offerte di aiuto più stravaganti. Può essere casuale e arrivare all'improvviso o essere data in risposta alle esigenze di qualcuno.

In realtà, per voi è probabilmente più naturale di qualsiasi altro approccio perché, come ho detto all'inizio, la gentilezza è *già in voi*.

Non c'è bisogno di andare lontano per trovarla, anche se può sembrare impossibile accedervi quando si è bloccati dal giudizio. Quindi, se avete difficoltà a essere gentili, iniziate a guardarvi intorno per cercare i giudizi sottostanti che bloccano la vista.

Un modo per farlo è porre domande come queste:

- *"Sto giudicando o sono gentile con questo?". - Sia che si tratti di denaro, di relazioni, del proprio corpo o di altro.*

- *"Vi sembra espansivo o restrittivo?".*

- *"Vi sembra leggero o pesante?".*

Impegnandovi e accettando la gentilezza per voi stessi - da voi stessi e dagli altri - può emergere un nuovo spazio di energia e coscienza, un luogo di ricezione che è allo stesso tempo vibrante, vivo, potente, succoso e tutto *deliziosamente vostro*.

La gentilezza porta a un picco di vitalità che richiede solo quattro cose, che io chiamo le "4 E":

1. Abbracciare ciò che è vero per voi

2. Esaminare ciò che si sta effettivamente osservando

3. Espandersi in una nuova possibilità, consapevolezza e gentilezza.

4. Incarnare il cambiamento e la verità di voi stessi

In un modo molto concreto, imparare la gentilezza è come imparare una nuova lingua. Nel mio caso, non era una lingua che conoscevo bene. Non era la mia "prima" lingua, quella che sentivo e parlavo a casa. E c'è stato bisogno di esercitarsi nel tempo non solo per impararla, ma anche per diventarla in modo fluente.

E, come il linguaggio, è un'energia creativa e generativa: esattamente ciò che serve per creare una nuova vita piena di energia di espansione.

La cosa bella è che, rinunciando ai giudizi e sfruttando il potere della gentilezza e dell'amabilità, potete dissolvere tutti i modi noncuranti che avete sperimentato e lasciar andare il bisogno di proteggervi.

Potete finalmente liberarvi degli aculei e aprirvi a ricevere una vita generosa, per essere veramente il dono che siete per voi stessi e per il mondo. In questo luogo senza barriere, scoprirete uno spazio più morbido e vulnerabile... allo stesso tempo sacro e sicuro.

È qui che l'energia del ricevere scorre libera e facile come un grande fiume.

Basta sceglierlo, entrarci dentro e lasciarsi trasportare lungo il suo ampio e generoso percorso. È tutto vostro, semplicemente per aver scelto.

Nel prossimo capitolo parleremo ancora della ricezione e, nello specifico, della "ricezione sedotta".

5

RICEVERE SEDOTTI PER ESSERE IL DONO CHE SIETE VERAMENTE

Da quel momento ho capito che questo è ciò che voglio fare, ciò che devo fare: Dare energia e riceverla indietro attraverso gli applausi. Lo adoro. Questo è il mio mondo. Mi piace. Mi piace. Vivo per questo.

— ERYKAH BADU

Speriamo che a questo punto iniziate a percepire che siete qui per vivere una vita molto più grande di quella che avete immaginato finora.

A prescindere da tutto.

Forse il vostro "cosa", come il mio, è superare decenni di abusi e vivere radicalmente. Se io sono riuscita a creare una vita che va oltre i miei sogni più sfrenati, so che anche voi potete farlo. Anzi, lo so per tutti i miei clienti.

Che abbiate o meno lottato contro un abuso, è probabile che, se state leggendo questo libro, ci sia qualcosa nella vostra vita che vi sembra una trappola, una gabbia, un modo in cui vi sentite chiusi fuori dalla possibilità di ricevere.

La buona notizia è che la chiave per aprire la prigione del *non ricevere* è dentro di voi.

Che cos'è la ricezione?

Ricevere è un'azione che si compie senza barriere verso nessuno o qualcosa. È uno spazio di vulnerabilità, di apertura e di unità con tutto. Ricevere non ha confini né obblighi. Non è forzato o richiesto, è semplicemente un modo di essere lo spazio di *voi* nell'energia di *voi* come coscienza di *voi!*

Per essere l'energia, lo spazio e la coscienza di voi stessi, basta immaginare di essere grandi come l'universo e la terra. In questa grandezza, siete tutto e niente allo stesso tempo. Siete parte di tutto perché esiste letteralmente una comunione molecolare che include la consapevolezza con, per e su tutto.

Questa energia che chiamo "ricezione" vi dà un potere totale, una scelta totale, una consapevolezza totale, una forza totale dalla vulnerabilità contenuta nella volontà di essere il più grande te stesso che ci sia.

Come sarebbe il mondo se tutti vivessimo come questo spazio di energia?

Purtroppo, l'energia del ricevere su questo pianeta si è impantanata in guerre, conflitti, abusi e terrore, che *non sono* affatto l'energia del ricevere. Ricevere crea, abusare distrugge. Ricevere genera; le guerre distruggono. Ricevere produce comunione; i conflitti formano separazioni. Ricevere costruisce sostenibilità; il terrore spegne la scelta. Scegliere è ricevere.

Ricevere significa scegliere al di là della forma e della struttura di questa realtà.

Ricevere, quindi, è l'arma più grande che abbiamo per abolire modi di essere obsoleti, semplicemente essendo l'energia della totale disponibilità.

Qual è l'energia del ricevere?

Ricevere è l'energia necessaria per vivere la vita che desiderate. È anche l'energia che potreste bloccare se avete subito una qualsiasi forma di abuso.

Come si fa a sapere se si sta bloccando l'energia di ricezione?

- Desiderate la comunione, ma vi sentite bloccati in relazioni poco soddisfacenti.

- Desiderate avere successo nella vostra carriera, ma siete arrivati a un punto morto e non capite perché non guadagnate di più.

- Sognate di essere in piena salute, ma lottate contro qualche condizione cronica.

Nel mio processo di guarigione, ho scoperto che esiste una connessione diretta tra l'abuso e la tendenza a bloccare la ricezione. Tuttavia, ci sono modi per sbloccare l'energia del ricevere nella vostra vita. Di seguito, ho elencato cinque passi che possono aiutarvi:

5 passi per sbloccare l'energia del ricevere

Fase 1: Riconoscere il porcospino invisibile

Quante volte vi sentite irritati quando qualcuno vi viene incontro? Io lo chiamo "il porcospino invisibile". È un fenomeno che conosco molto bene, sia in me che nei clienti con cui ho lavorato negli ultimi vent'anni.

Sapete da dove vengono questi aculei? Da un abuso subito in passato. Una volta il mondo non era sicuro per voi e quindi avete creato questi aculei come tentativo di proteggervi. Gli aculei funzionavano bene allora; ora sono solo superati.

Quante cose non invitate nella vostra vita con questi aculei?

Proprio come speravate che gli aculei tenessero lontano il vostro abusatore, ora tengono l'amore, il denaro, i clienti e tutto il resto a una distanza "di sicurezza". La distanza di sicurezza blocca la ricezione perché si è sempre attenti a quando avverrà la catastrofe.

È arrivato il momento di aggiornare il disco rigido?

Il primo passo per sbloccarsi dall'energia di ricezione è riconoscere di essere stati un porcospino invisibile con aculei armati e pronti a difendersi 24 ore su 24, 7 giorni su 7, incarnando una postura di autodifesa per attaccare tutto il tempo.

. . .

Fase 2: Eliminare le storie che bloccano la ricezione

Quando avete subito un abuso, siete stati costretti a "ricevere" qualcosa che non volevate ricevere. In quel momento, avete creato una storia che non è sicura da ricevere in qualsiasi forma. Amore? Denaro? Salute? Tutto diventa pericoloso.

Per me, ricevere significava ricevere giudizi. Significava fare quello che diceva mia madre per non essere picchiata. Significava essere e vivere le realtà altrui con il disperato desiderio di ricevere nutrimento e amore (che non ho mai ricevuto, se non sotto forma di denaro e oggetti e, infine, di abusi).

Cosa significa per voi ricevere?

Quali sono le storie che vi siete raccontati sul ricevere che mantengono la

aculei al loro posto? Siete disposti a lasciar perdere queste storie?

Chi o cosa avete erroneamente identificato e applicato come ricevente che in realtà sta difendendo?

Fase 3: Riconoscere che gli aculei fanno male in entrambi i sensi

Proprio come gli "aculei" del porcospino invisibile puntano verso l'esterno e tengono tutto nella vita (amore, denaro, salute, ecc.) a una distanza "sicura", allo stesso modo puntano verso l'interno e vi impediscono di andare avanti nella vostra vita.

A un certo punto, forse molto tempo fa, avete capito che non era "sicuro" farsi avanti. Nel tentativo di sfuggire all'abuso o di raccontarlo a qualcuno, potreste esservi disconnessi o dissociati. In ogni caso, vi siete allontanati da voi stessi per cercare di tenervi al sicuro.

Quindi, continuate a punzecchiarvi con i vostri stessi aculei sotto forma di storie che non sono sicure di essere viste o ascoltate.

Sapete qual è la cosa più dolorosa di tutto questo? Vivete la vostra vita a una distanza "sicura" da voi stessi e non ricevete mai pienamente la bellezza e la potenza di *voi stessi*.

Non si arriva mai a *ricevervi*.

E francamente, probabilmente avete poca o nessuna conoscenza di chi siete, di chi siete veramente, perché siete sempre stati gli aculei e non avete mai permesso al vero voi di emergere.

Questa è la vera epidemia di abusi, data questa realtà: Noi che divorziamo da noi stessi.

Proprio come nei passi 1 e 2, dovete riconoscere che gli aculei hanno ferito anche voi e lasciare andare le storie che vi siete fatti su cosa signifchi farsi avanti nella vostra vita, e il modo per farlo è attraverso il perdono e l'accettazione. Queste sono le chiavi di questo passo, e non sono per nessun altro che per voi.

Perdonare e accettare se stessi è la più grande gentilezza che si possa ricevere.

Passo 4: Rilasciare la ricezione forzata

Come detto nel Passo 2, quando avete subito un abuso siete stati costretti a "ricevere" qualcosa che non volevate ricevere. Questo si chiama "ricezione forzata".

In che modo questa esperienza passata influisce sul vostro modo di dare agli altri oggi?

Avete abbandonato la ricezione forzata o state ripetendo il ciclo? La ricezione forzata vi predispone a essere rifiutati ancora e ancora. È ciò che vi impedisce la vera comunione in ogni aspetto della vostra vita.

Come si fa a sapere se si è intrappolati nel ciclo della "ricezione forzata"?

Pensate di sapere cosa sia meglio per gli altri: "Ecco, mangia questo". "Fai questo". "Prendi questo". Date quello che pensate che gli altri "dovrebbero" avere, invece di dare quello che chiedono.

In sostanza, vivete come superiori a tutti e ignari di tutto. Il fatto che possiate fare qualcosa per gli altri non significa che loro lo vogliano. Costringere qualcuno a ricevere ciò che si pensa sia meglio per lui suggerisce che si sa meglio, che si è più intelligenti e che si è più consapevoli, il che lo svaluta completamente. È una totale mancanza di rispetto per il loro essere.

Quindi, smettete di imporre la vostra volontà agli altri e permettete loro di essere ciò che sono, accogliendoli in tutto e per tutto senza alcun punto di vista. La semplice curiosità nei confronti dell'altro è molto utile per creare relazioni che nascono dal ricevere e dal permettere.

Quindi, come si fa a superare la "ricezione forzata" e a entrare in un'altra possibilità?

Passo 5: Abbracciare la ricezione sedotta

Tutto inizia con la consapevolezza. Una volta capito come si sta usando la "ricezione forzata", si può scegliere qualcos'altro.

Perché non provare la *ricezione sedotta?*

Certo, la seduzione può sembrarvi un po' pericolosa, soprattutto se avete subito un abuso a causa del fatto di essere o di aver fatto qualcosa che ha "sedotto" un altro a imporsi su di voi.

Quindi, come nel passo 2, qui potete scegliere di eliminare questa storia che vi blocca nel ricevere.

E se ci fosse un modo "sicuro" di essere seducenti?

E se la "ricezione sedotta" fosse essenziale per invitare tutto ciò che si desidera nella propria vita? I nostri colpevoli hanno tentato di prendere qualcosa che non avevano il diritto di prendere. Tenere la seduzione o la vita orgasmica lontana da voi fa sì che i colpevoli abbiano il controllo su di voi. Diventare l'arte della propria seduzione ripristina uno spazio di incarnazione che è sempre stato dentro di voi, anche prima dell'abuso. Reclamatelo, è vostro.

Con la ricezione sedotta, siete l'invito per ciò che desiderate. Diventate l'energia della possibilità di una maggiore salute, di relazioni, di denaro e di affari.

Cosa ci vorrebbe perché la vostra gentilezza e la vostra delicatezza siano così forti da dissolvere tutti i modi noncuranti che avete sperimentato (e dai quali continuate a cercare di "proteggervi" con i vostri aculei)?

In questo luogo di ricezione sedotta, sarete veramente il dono che potete essere: per voi stessi e per il mondo.

In questo luogo di morbida vulnerabilità, lasciate andare gli aculei; non ci sono più barriere. Qui l'energia del ricevere fluisce libera e facile. Lo spazio, l'energia e la coscienza del ricevere sono vibranti, vivi, potenti, succosi e semplicemente gustosi.

È delizioso perché sei tu che sei tu.

È vivo perché state incarnando la vostra energia.

È potente perché la vostra più grande forza è la gentilezza.

È vibrante e succosa perché state permettendo a tutti voi di essere dotati in e con questa realtà, che cambia tutti e tutto dentro e intorno a voi a livello molecolare.

La ricezione sedotta è la più grande forma di vitalità di questo pianeta. Tutti noi la possediamo intrinsecamente e, più la abbraccerete, più vi connetterete con l'energia di espansione, come scoprirete nel prossimo capitolo.

6

L'ENERGIA DELL'ESPANSIONE

La vita personale vissuta profondamente si espande sempre in verità che vanno oltre se stesse.

— *ANAIS NIN*

Quando avevo solo sette anni, ricordo di aver guardato la luna dalla finestra della mia camera da letto con una preghiera che mi pesava sul cuore. A quel tempo avevo già sperimentato ogni tipo di abuso fisico, sessuale, emotivo e mentale che è continuato fino ai miei 20 anni. E fu in quella giovane età che mi impegnai a tirarmi fuori da quella che chiamo la gabbia invisibile dell'abuso, perché sapevo che qualcos'altro era possibile.

Ho giurato che un giorno avrei trovato un modo per andare oltre la vita che stavo vivendo. Ho giurato di fare tutto il necessario per creare un mondo in cui tutti i bambini potessero appoggiare la testa sul cuscino la sera e riposare serenamente.

Ci sono voluti anni, molto sostegno e molto coraggio per praticare l'arte dell'energia di espansione. Ho trovato un modo per prosperare al di là degli abusi sessuali subiti durante l'infanzia e ho aiutato molte persone a vivere al di là dei loro abusi per creare vite senza limiti.

Viaggio per il mondo facilitando corsi. Ho un programma radiofonico su *Voice America,* dove raggiungo migliaia di ascoltatori ogni settimana con il mio show "Beyond Abuse, Beyond Therapy, Beyond Anything".

Si può dire che ho mantenuto la promessa fatta a quella piccola me di 7 anni.

Ho scelto di non mollare mai, di non arrendermi e di puntare sempre a ciò che era infinitamente possibile. E, attualmente, sono impegnata a sradicare ed eliminare gli abusi da questo pianeta, in modo che più bambini e più adulti vivano l'esistenza piena di forza ed espansiva che è il loro diritto di nascita.

Non si tratta solo di abusi

Per essere chiari, non è necessario aver subito abusi da bambini per ritrovarsi chiusi nella propria gabbia invisibile, che vi impedisce di essere l'energia di espansione e la grandezza che desiderate.

La gabbia invisibile non conosce genere ed è più che felice di intrappolare chiunque.

Se siete rimasti intrappolati nella sua morsa, probabilmente siete pronti a liberarvi e a creare il mondo che sapete essere possibile. Forse, come me, avete fatto voto di farlo per voi stessi, ma non siete sicuri di come farlo.

Vi invito a esplorare i modi in cui la "gabbia invisibile" vi ha tenuto lontani dalla vostra grandezza, affinché anche voi possiate andare oltre la costrizione della gabbia e incarnare l'energia dell'espansione.

Riconoscere l'energia dell'espansione

Se state per intraprendere questo viaggio, è utile sapere cosa state cercando di creare. L'energia di espansione è:

- Conoscere la vostra grandezza e l'essere magico che siete veramente

- Vivere una vita all'insegna del divertimento, della libertà, della gioia e di un'autenticità radicale

- Riconoscere che ci sono sempre infinite possibilità

- Chiedere e ricevere ciò che si desidera

- Sperimentare la comunione con se stessi e con gli altri

- Regalare al mondo ciò che è unicamente vostro

- Scegliere di creare una vita piena di potere al di là di ogni limite

Piuttosto fantastico, non siete d'accordo? Immaginate che tipo di vita potete creare quando incarnate questa energia di espansione.

Per abbracciare e operare pienamente con questa potente energia, esaminiamo tre delle maggiori limitazioni della gabbia invisibile e come superarle per incarnare l'energia di espansione che siete veramente.

Dalla vittimizzazione alla responsabilizzazione

Da bambino mi sono chiuso in me stesso. Niente di quello che facevo faceva differenza: Venivo comunque maltrattata. Sono cresciuta con la convinzione di non poter fare nulla per sfuggire agli abusi. Ero una vittima.

E ho portato questa storia di vittima fino ai miei 20 anni: bevevo, facevo festa, mi drogavo e mi impegnavo in altri comportamenti sconsiderati per cercare di sfuggire al dolore degli abusi subiti in passato. Non mi importava di me stessa. Allora non sapevo quanto fosse comune per i bambini che hanno subito abusi credere di essere cattivi e sbagliati.

Il viaggio oltre la storia della vittima mi ha portato attraverso la gabbia invisibile verso di me e infine fuori dalla gabbia verso chi sono veramente. Ho scoperto chi ero veramente, al di là della misera e autodistruttiva ragazza chiusa. Ho scoperto di essere gentile, brillante, fenomenale e divertente.

Mi sono anche resa conto di avere altre scelte per il mio modo di vivere e di relazionarmi con me stessa e con gli altri. Esercitando nuove scelte, sono diventata più sicura di me. Ho affrontato direttamente i vecchi schemi e ho riconosciuto che mi avevano distrutto. Ho poi scelto di creare la mia vita a partire da ciò che è leggero e giusto per me. Nonostante l'abuso, ho scelto di dare a me stessa la possibilità di creare qualcosa di completamente diverso, ma allo stesso tempo collegato a ciò che sono sempre stata.

E voi?

La "storia della vittima" sta dominando la vostra vita? Anche voi state ripetendo il ciclo dell'abuso attraverso modelli autodistruttivi e riuscite a capire quanto questo sia depotenziante?

E se poteste davvero creare la vostra vita partendo da una scelta anziché dalla distruzione?

Se avete subito una qualsiasi forma di abuso nella vostra vita, o un qualsiasi tipo di "torto", potreste essere più legati alla storia del povero me piuttosto che alla possibilità di una vita al di là di essa. Potreste sentirvi vittime delle circostanze, come ho fatto io per tanto tempo, come se non ci fosse nulla da fare per cambiarle. Ogni volta che ho detto che non c'era nulla che potessi fare per cambiare la mia vita, sapevo di mentire. La scelta che ho fatto è diventata la differenza tra me e i miei sentimenti. Ho capito che non sono i miei sentimenti e che sono le mie scelte.

Ma, se lo scegliete, potete lasciare che questa sia una "fase" del vostro viaggio dalla gabbia invisibile all'energia di espansione. Siete pronti a lasciar andare la storia dell'assenza di scelta? Se sì, i passi seguenti possono aiutarvi a guidarvi.

3 passi per andare oltre la vittimizzazione e passare all'emancipazione

Ottenere il supporto di un professionista

Spesso le stesse persone con cui condividete i vostri problemi sono quelle - familiari o amici - che hanno contribuito a crearli. Parlare con un professionista accelera il proprio movimento nel percorso di uscita dal vittimismo. Condividere con un'altra persona ciò che si desidera creare e collaborare insieme per dare forza alle proprie scelte significa andare oltre l'abuso. È un piano a prova di errore per vivere radicalmente. I professionisti della guarigione con cui ho lavorato sono diventati i miei alleati nella guarigione. Ora mi permetto di essere così per gli altri come lo sono per me stessa. Non giudicate mai quanto sia lunga o quale sia la strada da percorrere, ma continuate a scegliere oltre la costrizione di ciò che non è mai stato vostro.

Condividete la vostra storia e svelate tutti i vostri segreti

I segreti vi mantengono nel ruolo di vittime. Creano vergogna e vi mantengono privi di potere e bloccati nella costrizione e nella limitazione. Per ogni segreto, dovete trovare circa 25 ragioni e giustificazioni per mantenerlo. Questi segreti diventano un peso morto e vi disilludono dall'autenticità che desiderate. E stranamente, questi segreti non sono nemmeno vostri. Di solito sono i colpevoli o i giudizi degli altri che vi hanno messo addosso per impedirvi di essere voi stessi. Il giudizio è una vera e propria epidemia in questa realtà, soprattutto per quanto riguarda gli abusi.

Scegliete di lasciar andare e di andare oltre la "storia della vittima".

Quando lasciate andare la vostra storia e la superate, iniziate a entrare nella magia che siete veramente. Scoprite l'energia di espansione disponibile al di là della gabbia. C'è un'arte nel lasciar andare la vostra storia, ed è quella di scegliere di creare ciò che vi piace davvero essere e fare. L'abuso "sembra" come se non aveste mai avuto scelta. In quel momento non l'avete avuta, ma negli anni successivi l'avete avuta ogni secondo di ogni giorno. Ho deciso di far sì che la mia storia sia ciò che creo ora e non ciò che ho creato sulla base di ciò che è accaduto anni fa.

Superando la vecchia storia di voi, inizierete a sperimentare l'energia dell'espansione: libertà, gioia e la vostra stessa grandezza. Inizierete a vedere più possibilità per voi stessi e per la vostra vita e scoprirete nuove fonti della vostra potenza in luoghi sorprendenti.

Questo risveglierà in voi il riconoscimento che siete sempre stati voi stessi, al di là dell'abuso e prima dell'abuso. L'abuso non deve mai definirvi; siete molto di più e lo siete sempre.

Dalla blindatura alla vulnerabilità

Quando mia madre mi ha insultato e mi ha chiamato per nome, non ho pianto e non ho fatto capire quanto fossi arrabbiata. Facevo solo quello che mi veniva chiesto, la facevo finita e andavo a nascondermi nella mia stanza. Quando mi picchiava, mi "irrigidivo" e mi facevo forza. Sapevo che non dovevo piangere perché mi avrebbe picchiato più forte. Sapevo che sarebbe finita prima se avessi accettato e indossato la mia "armatura" invisibile non piangendo.

Sono cresciuta credendo di essere più sicura se ero dura. Ho sviluppato una corazza molto spessa per proteggere le mie morbide viscere. In questo modo i miei abusatori hanno ottenuto solo la mia corazza; non mi hanno mai "presa" completamente.

Come ho detto in un capitolo precedente, chiamo questo tipo di comportamento "armatura del fenomeno del porcospino invisibile". Proprio come un porcospino si difende con aculei affilati, anche voi potreste indossare un'armatura fatta di aculei invisibili.

È il vostro miglior tentativo di proteggervi da un mondo che non sembra sicuro.

Ma come si può essere espansivi quando ci si difende continuamente?

Proprio come si sperava che gli aculei tenessero lontano un abusatore, ora tengono a distanza "di sicurezza" relazioni, denaro, clienti e quant'altro.

Questi aculei vi impediscono di ricevere la vita che desiderate, perché vi sembra pericoloso ricevere qualcosa.

Quante cose state respingendo dalla vostra vita in questo momento a causa di questi meccanismi protettivi? Così come questi invisibili aculei di porcospino si proiettano verso l'esterno, mantenendo una distanza "di sicurezza" da vari aspetti della vita come le relazioni, le finanze e i clienti, si rivolgono anche verso l'interno, impedendovi di impegnarvi pienamente nella vostra vita.

A un certo punto, forse in un lontano passato, avete imparato che farsi avanti non era considerato "sicuro". Potreste esservi disconnessi o dissociati da voi stessi nel tentativo di eludere o rivelare casi di abuso. In ogni caso, vi siete allontanati dal vostro vero io nel tentativo di salvaguardare il vostro benessere.

Di conseguenza, continuate a ferirvi inavvertitamente con i vostri aculei protettivi, espressi sotto forma di autogiudizi e di convinzione che non sia sicuro esprimere il vostro vero sé. Nel tentativo di sfuggire a qualsiasi minaccia potenziale che possa ancora persistere "là fuori", continuate a sminuirvi, sforzandovi persino di diventare poco appariscenti.

Volete sapere qual è la cosa più dolorosa di tutto questo?

State vivendo la vostra vita a una distanza "blindata e sicura" da voi stessi, senza mai ricevere pienamente la bellezza e la potenza di *voi stessi*. Non sperimentate mai la forza della vostra vulnerabilità.

La vulnerabilità è essere se *stessi* senza la corazza, senza le difese. È stato necessario essere in relazione con terapeuti, guaritori, partner e, in ultima analisi, con me stesso, per fidarmi di poter essere "al sicuro" se mi fossi tolto la corazza.

Con il tempo, ho finalmente liberato i miei aculei interni ed esterni.

E, mentre i miei aculei si dissolvevano, ho scoperto un nuovo livello di vulnerabilità che mi è servito in una capacità molto maggiore.

In questo spazio morbido e aperto, ho sperimentato una comunione con me stessa e con gli altri come non avevo mai conosciuto prima. Sono stata in grado di chiedere e ricevere ciò che desideravo veramente. E mi sono sentita più viva che mai, perché finalmente stavo ricevendo pienamente me stessa e la mia vita.

Ho scoperto che c'è una potenza nella vulnerabilità che sembra e si sente molto diversa dalla forza di "accanirsi". In realtà, questa forza è la migliore "protezione" di cui si possa avere bisogno.

Un piccolo avvertimento, però...

Quando l'armatura non c'è più, ci si può sentire un po' "nudi" o sovraesposti: è del tutto normale. Non c'è nulla di sbagliato. È solo il vostro morbido spazio interiore che diventa più esposto a una vita di comunione con voi stessi al di là dell'armatura.

Tuttavia, c'è un ultimo aspetto pervasivo della gabbia invisibile che vi bloccherà dall'energia di espansione, a meno che non impariate a superarla.

Dal giudizio alla gentilezza

Il giudizio è l'opposto dell'espansione. È una forma di costrizione e limitazione e una forma pervasiva di abuso di sé.

Quando giudicate un altro, in realtà vi state difendendo, disconnettendo, negando e dissociando da ciò che non siete disposti a vedere di voi stessi. Il giudizio vi fa mentire a voi stessi e vi rinchiude nella gabbia invisibile dell'abuso, che vi tiene lontani da voi, dagli altri, dalla vita e certamente dalla creazione della vita che desiderate. Quando giudicate voi stessi, diventate il vostro eterno carceriere e vi rinchiudete ulteriormente nell'erroneità di voi stessi. Il giudizio vi riporta al conforto di ciò che sapete (quanto siete "cattivi") e vi garantisce che non dovrete mai essere più di quanto siete ora. Solidifica la gabbia invisibile dell'abuso.

Il giudizio vi mantiene piccoli e in difficoltà, vittime e impotenti, corazzati e insensibili. Di conseguenza, smettete di generare e creare al di là della gabbia; al contrario, vi perpetrate e mantenete il ciclo dell'abuso.

In che modo questa è una gentilezza per voi? Per qualcuno?

L'unico modo per superare la gabbia ed entrare nell'energia dell'espansione è superare il giudizio, e ci sono sei passi che possono aiutarvi.

6 passi per accedere allo spazio del non giudizio

I. Sedetevi in uno spazio tranquillo, chiudete gli occhi e fate alcuni respiri profondi.

2. Espandete la vostra energia nella terra

3. Offrire i propri giudizi alla terra come contributo

4. Apritevi a ricevere il contributo che la terra può dare a voi.

5. Riportate l'energia in voi stessi, senza giudizi.

6. Notate ciò di cui siete consapevoli

La terra è l'unico luogo in cui il giudizio non può risiedere. È il luogo dove potete tornare ripetutamente per rilasciare i vostri giudizi e sentire la pace e le possibilità dell'espansione. In realtà è una gentilezza regalare i propri giudizi alla terra. Regalando il letame del giudizio alla terra, fertilizzate una nuova possibilità per voi stessi e per tutti gli altri.

Nello spazio dell'assenza di giudizio c'è la gentilezza. La gentilezza è la verità di chi sei e di ciò che sei sempre stato.

La gentilezza è un'energia generativa. Dopo aver viaggiato per il mondo e lavorato con migliaia di persone, ho scoperto che la gentilezza è necessaria per andare oltre il giudizio, l'abuso e la limitazione. Questa energia generativa è quella che crea una nuova vita piena di energia di espansione.

Come esercizio, prendetevi un momento per immaginare...

- *Cosa accadrebbe in 50 anni su questo pianeta se sceglieste la gentilezza?*

- *Che cosa succederebbe se si abbandonasse la storia della vittima e si scegliesse la strada dell'empowerment?*

- *Che cosa succederebbe se si liberasse l'armatura e si scegliesse la potenza della vulnerabilità?*

- *Le malattie scomparirebbero?*

- *Il conflitto si attenuerebbe?*

- *Sareste felici?*

- *In che modo l'energia dell'espansione vi aprirebbe a un mondo di nuove possibilità?*

C'è una vita al di là dell'abuso... al di là di una gabbia che vi tiene piccoli e impotenti.

Non è necessario essere giovani, come lo ero io a sette anni, fissando la luna e sognando una vita al di là dell'abuso, per iniziare a utilizzare l'enorme attrazione dell'energia di espansione. Funziona per tutti, indipendentemente dal luogo in cui ci si trova.

È sufficiente che decidiate di giocare con essa, e questo è l'obiettivo del prossimo capitolo.

7

GIOCARE CON LA LUCE

Ogni giorno giocate con la luce dell'universo.

— PABLO NERUDA

La vita può essere molto più semplice - e molto più divertente - di quanto la maggior parte di noi la faccia sembrare.

È così semplice che, per la maggior parte, tutti i miei 25 anni di lavoro nelle terapie non tradizionali ed energetiche si riducono a un unico tema principale: Scoprire ciò che non funziona per le persone, dare la possibilità di fare una scelta migliore, contribuire alla realizzazione dei loro desideri e generare le molteplici possibilità di creare la vita che desiderano.

Quando lo faccio, i risultati sono sorprendenti.

E non è solo che sono più felici, anche se lo sono. È anche che qualunque sia il "problema", come indicato dai farmaci che stanno assumendo, dalle malattie che hanno, dalla mancanza di denaro o da qualcos'altro, sparisce. Pof! Come per magia... e tutto ciò che è necessario per ottenere questi risultati è la volontà di scegliere per se stessi e di portare l'energia e la richiesta del gioco nella propria vita. Allora perché non ci sono più persone che lo fanno?

Questa è un'ottima domanda....

Nel mio lavoro ho scoperto che la maggior parte delle persone con una storia di abusi ha difficoltà a giocare, a divertirsi e a lasciarsi andare. Non è che non ne abbiano la capacità - tutti ce l'abbiamo - è che il gioco, nella loro mente, è stato associato a qualcosa di completamente diverso - e "cattivo".

Per esempio, a volte il gioco si è trasformato in attività sessuale, dove qualcosa sembra sbagliato ma allo stesso tempo bello. È confuso perché non si è sicuri di cosa sia sbagliato, di cosa sia giusto o di cosa stia succedendo. In questo scenario, il gioco si associa alla vergogna sessuale, a un senso di scorrettezza che dice: "Non dovrei farlo", e tutto ciò che gli assomiglia - divertimento, scioltezza, leggerezza - equivale a una sensazione di fuori controllo, simile a quella che si provava quando si subiva un abuso.

Nel gioco vero e proprio, ci si impegna in un'attività per divertimento e svago, invitando qualcosa di nuovo a esistere attraverso l'immaginazione, l'attività, la possibilità, la generazione e la creazione.

Con l'abuso, il gioco cambia. Diventa serio e pratico, tutto incentrato sul "cosa succederà", che poi si restringe - tagliando la libertà e la consapevolezza di poter semplicemente giocare, come un bambino che corre libero. Quando si è bambini, non si hanno pensieri che si preoccupano e si chiedono se succederà ancora qualcosa di brutto. Poche cose sono più divertenti dell'elemento dell'ignoto, dell'attesa, della sorpresa. Quale bambino non ha mai chiesto con ansia: "Mi hai portato una sorpresa?" e non ha mai battuto le mani per la gioia e l'attesa? D'altra parte, per chi ha un passato di abusi, la sorpresa è l'ultima cosa che desidera. La parola d'ordine diventa ipervigilanza. E guardare dietro le spalle o dietro l'angolo diventa il gioco della sopravvivenza.

Il barone rapinatore del gioco

Con l'abuso, ci si blocca nel dover tenere il corpo in un certo modo, nel costringersi in un certo modo, nel fare le cose in un certo modo per non subire altri abusi. Si entra nell'energia della conclusione, della decisione, del giudizio e della restrizione. Come un brutto caso di artrite, diventate così rigidi da escludere qualsiasi creatività, generazione e fluidità. Siete bloccati in quella che chiamo la gabbia invisibile dell'abuso, che descrivo in modo esauriente nel mio prossimo libro, *Kick Abuse in the Caboose*.

In questa gabbia autoimposta, non ci si può divertire perché si è sempre in attesa della prossima catastrofe. Navigare nella vita diventa un po' come fare rafting tra le rapide dell'acqua bianca. In questo stato, ci si chiede: "Perché continua a succedermi questo? Tutto è una lotta. Non mi va mai bene niente, per quanto mi sforzi. Perché è tutto così difficile?".

La risposta è che, essenzialmente, siete bloccati nei quattro "pilastri", o le quattro "D" - introdotte nel Capitolo 3 - che costituiscono la gabbia invisibile: Dissociazione, Negazione, Difesa e Disconnessione.

Con questo atteggiamento nei confronti della vita, anche le attività creative più semplici, come fare un'escursione da soli, possono essere rese off limits perché si è troppo consapevoli di essere in un mondo che è diventato un luogo pericoloso. La costante vigilanza, la consapevolezza che in qualsiasi momento la vostra sicurezza o il vostro comfort possono essere interrotti, si diffonde ad altri aspetti del vostro essere. È ovunque - nel corpo, nelle relazioni, nel denaro, nella sessualità - e costringe e contrae invece di espandersi in nuove possibilità.

Dal punto di vista della salute, la rigidità e il blocco del corpo possono avere gravi ripercussioni. Senza una forma fluida e scorrevole, possono verificarsi dei blocchi, che letteralmente restringono il flusso sanguigno, privando gli organi dell'ossigeno e di altri elementi vitali di cui il corpo ha bisogno per funzionare senza sforzo. Nel corso del tempo, questo può ulteriormente deteriorarsi in condizioni croniche o eventualmente in disturbi surrenalici o endocrini. Per me è stato sicuramente così.

Per quanto riguarda le relazioni, potreste tendere a scegliere persone che sono più indicative del blocco presente e bloccato nel vostro corpo, perché è così che sapete o pensate che le relazioni debbano essere. Scegliete energeticamente, consciamente o inconsciamente, persone che vi limitano piuttosto che quelle che creano possibilità per e con voi. Il vostro reddito e il vostro potenziale di guadagno sono a rischio perché dovete andare sul sicuro. Un esempio potrebbe essere quello di accettare un lavoro che non vi piace ma che vi dà uno stipendio su cui potete contare, anche se odiate andarci ogni giorno. Dov'è il divertimento in questa scelta?

È come vivere all'indietro, contro l'energia, invece di andare avanti con la possibilità. La vita diventa "Quanto sono al sicuro?" invece di "Che meraviglia! Cos'altro posso creare?".

Il gioco e la creatività sono alimentati dall'immaginazione, da una mente aperta e interrogativa, da uno spazio rilassato e dalla possibilità che si verifichi qualcosa di generativo ed espansivo. Tutto questo è l'opposto di ciò che accade quando la mente è prigioniera nella gabbia invisibile dell'abuso:

- Elevato bisogno di struttura

- Controllo

- Pronti a tutto

- Necessità di sapere tutto

- Ritiro e isolamento

- Conclusione orientata

- Conforme

- Diffidenza verso l'ignoto

- Non sicuro

- Consapevolezza iper-vigile

Le vostre forze creative fluiscono attingendo all'energia molecolare della consapevolezza a ruota libera della pura possibilità, dove tutto è possibile e la comunione è la fonte della creazione.

Nel gioco ci sono molte incognite, e come può esserci di meglio? Si può creare tutto e tutto ciò che si desidera. Tuttavia, se si subisce una qualsiasi forma di abuso, questa qualità "sconosciuta" potrebbe scatenare la paura e distruggere la creazione.

Alività radicale e orgasmica

Avete mai notato quanto a lungo i bambini si soffermano su qualcosa? Passano da una cosa all'altra - mente e corpo insieme - pienamente presenti nel momento. Scelgono il momento successivo in base a ciò che è divertente e stimolante.

Nel mio lavoro, mi riferisco a questa situazione come ad un'autenticità radicale e orgasmica, in cui tutto il vostro essere è presente in ogni cosa che state facendo. Non ci si preoccupa del futuro, di pagare le bollette o di come si appare; c'è un grande senso di divertimento e di gioco nell'essere presenti.

Nelle situazioni di abuso, è meglio non essere presenti.

L'orgasmo non riguarda solo il sesso... riguarda il piacere sensuale e incarnato. E se voleste annusare una rosa o comprare delle rose per avere un bel colore in casa? E se voleste mettere delle fragole sul vostro muesli e il suo solo sapore fosse orgasmico e delizioso? Questo è divertente e orgasmico! I bambini non hanno idee preconcette; non hanno sviluppato le nozioni che abbiamo imparato da adulti e che ci costringono e ci impediscono di incarnare il pieno piacere.

E se non volete essere nel vostro corpo, come pensate che questo influisca, ad esempio, su una relazione sessuale e sensuale? È difficile avere una relazione sessuale desiderabile e orgasmica quando si è così abituati ad abbandonare il proprio corpo per non sentire ciò che non si voleva in primo luogo.

Che cosa si può fare, allora, per entrare pienamente nel proprio corpo... e nel gioco?

Due passi nel gioco

Quando siete cresciuti, vi è mai stato detto di chiedervi: "Mi sto divertendo in questo momento?". Per la maggior parte degli adulti, scegliere per il gusto di farlo è un concetto estraneo, quasi una scelta. Se non siete mai stati nel vostro corpo, probabilmente non vi siete mai concessi la scelta di chiedere e pretendere per voi stessi. Sapreste almeno quale domanda fare? Il primo passo da compiere è semplicemente rendersi conto che qualcosa non funziona per voi e darsi il permesso di dire: "Non so bene cosa stia succedendo qui, ma qualcosa non va bene e scelgo di fare un cambiamento, anche se non so cosa chiedere". Solo questo

La consapevolezza vi porterà ad essere presenti a voi stessi.

Il passo successivo consiste nel porre domande che richiamino l'energia del gioco, come ad esempio:

- *Body, è divertente per me?*

- *Mi sto divertendo in questo momento?*

- *Sto imparando qualcosa?*

- *Questo sta espandendo la mia realtà?*

- *Sono grato?*

- *Mi sto godendo quello che sto facendo in questo momento?*

- *Questa persona mi riceve?*

- *Sono in grado di ricevere?*

- Il mio corpo si sente bene?

- Cos'altro è possibile fare qui?

- Posso fare quello che voglio?

- Sto vivendo la mia realtà piena di divertimento e di gioco?

- Cos'altro potrei scegliere di più giocoso?

L'energia del gioco non consiste nel fare ciò che era divertente da bambini, ma nello spirito di divertimento e nel parco giochi delle possibilità che si avevano allora nel presente. Si tratta di ciò che si può fare per creare una nuova possibilità e sfuggire alla costrizione di ogni giorno.

Per esempio, potrei stare tutto il giorno davanti al computer a spedire cose e a rispondere alle persone, ma questo non mi diverte molto. Ciò che è più divertente è fare il lavoro energetico, il programma radiofonico Voice of America, scrivere questi capitoli e parlare con le persone, creare possibilità. Ma c'è stato un lungo periodo della mia vita in cui il gioco è diventato insicuro, e io ero più rigido e più bravo con la forma e la struttura. Se qualcosa lo sconvolgeva, andavo fuori di testa. Ora ho a malapena una struttura. Seguo semplicemente l'energia di "ciò che è" e di ciò che mi viene richiesto ogni giorno.

È quello che facciamo da bambini. Seguiamo l'energia di ciò che è possibile oggi. Quando si verifica un abuso, la libertà innocente e il campo di gioco delle possibilità vengono bloccati, limitati e ristretti. Fortunatamente, c'è un modo per tornare indietro.

La luce è giusta

Ciò che è divertente per le persone è ciò che è leggero per loro; è qualcosa che si può sentire nel corpo. La leggerezza è come la verità, perché la cosa più espansiva e gioiosa che vi piace fare alleggerisce tutti. Sei più divertente per tutti noi.

L'energia del gioco consiste nello scoprire qual è la vostra realtà divertente - dal punto di vista emotivo, finanziario, relazionale, sessuale e altro - chiedendo: "Corpo, cosa ti piacerebbe fare oggi? Con chi vorresti stare? Con chi vorresti andare a letto? Cosa vorresti mangiare? Cosa vorresti creare? Quale parte della tua attività richiede la tua attenzione oggi?".

Se il mio corpo mi dice: "Andiamo in palestra" e io non ci vado, diventa molto infelice. Andare in palestra può essere una forma di gioco, di movimento dello spirito e dell'energia. Oppure se mi dice: "Mangia questo" e io mangio qualcos'altro, lo sto scavalcando. L'idea è quella di ascoltare il vostro corpo, i sussurri che vi dice su ciò che richiede ogni giorno - e su ciò che richiedete voi ogni giorno - e andare avanti con quello.

Potete portare questa energia di gioco in tutte le vostre decisioni su ciò che è giusto per voi. Come? Cosa vi diverte? Fatelo!

Ciò che è divertente per voi è il gioco!

È questo che vi fa lavorare tutto il giorno senza mangiare, poi improvvisamente alzate lo sguardo e pensate: "Oh, wow, non ho mangiato!". Vi divertite perché vi piace davvero quello che state facendo. Vivete di energia, proprio come fanno i bambini, che hanno bisogno di ricordarsi continuamente: "Ora devi mangiare... ora devi andare a letto". Sono nel momento, con una libertà da cui dovete farli uscire.

Di solito, gli adulti devono reimparare cosa si prova a essere leggeri o pesanti, in modo che, quando si presenta la possibilità di scegliere, lo sappiano nel loro corpo. Quando c'è stato un abuso, la vostra energia è infiltrata, il vostro spazio è violato e la vostra coscienza è anestetizzata. Con tutto ciò che accade, come potete sapere cosa è leggero e giusto per voi? Conoscete solo ciò che è sofferenza e male per voi. L'abuso prende tutta la vostra visione della vita e la stravolge rendendola più pericolosa e meno divertente.

Diventare consapevoli di ciò che è leggero e giusto per voi vi permette di creare ciò che è divertente per voi. È come ridefinire le vostre molecole in base a ciò che sapevano prima di essere abusate. Se vi sembra leggero, espansivo e frizzante, fatelo. Se è pesante e denso, fate altre domande e non sceglietelo finché non c'è leggerezza. Purtroppo, troppi di noi scelgono la pesantezza e la densità, non la luce, ed è così che ci risvegliamo negli uffici della psichiatria in attesa di farmaci.

Ricordate...

Ciò che è leggero è giusto.

Il divertimento sta nell'essere un'esigenza per se stessi, come i bambini che dicono: "Ehi, facciamo questo!" e "Ehi, facciamo quello!". Naturalmente, come adulti, c'è una natura un po' più pragmatica, ma se incarnate l'energia del gioco di cui parlo, coinvolgerete la vostra immaginazione generativa e creativa. È l'innocenza infantile che c'è in tutti noi e che vive nel nostro corpo a prescindere dall'età.

Ed è facile come scegliere di essere pienamente presenti facendo ciò che funziona per voi - in questo momento - nel modo più leggero ed espansivo.

Un grado di spostamento

Una strategia efficace e leggera per costruire una vita migliore consiste nell'impiegare spostamenti di un grado nella vostra vita. Un semplice spostamento pratico di un grado può davvero permettervi di operare un cambiamento trasformativo nel vostro mondo, e può essere fatto ogni giorno.

Tutti aspirano sempre a fare un salto di mille gradi. Per ottenere un successo immediato, alla ricerca di una gratificazione istantanea. Tuttavia, quello che ho scoperto è che prendendosi un solo momento al giorno per fare un cambiamento di un grado e ripetendo questo processo nei momenti successivi, si inizia a stabilire una connessione mente-corpo-spirito nella propria memoria cellulare. Questa connessione vi permette di capire: "Oh, posso fare questo semplice cambiamento, che ha il potere di modificare la traiettoria della mia giornata, proprio in questo momento". È come se un capitano regolasse il timone della sua nave di un solo grado, ottenendo un cambiamento significativo nella vasta distesa dell'oceano.

Permettetemi di condividere una storia per spiegarvi. Molti anni fa, stavo lavorando in classe con una persona, concentrandomi su traumi e abusi. Senza entrare nei dettagli, posso dire che la persona che stavo assistendo era dolorosamente bloccata. Per fare un cambiamento di un grado, doveva uscire da uno stato di paralisi all'interno di una situazione altamente traumatica, anche se era solo un ricordo nella sua mente. Le loro reazioni fisiche erano intense: il corpo tremava, erano sopraffatti dalla nausea e da un forte impulso a vomitare.

In quel momento ho riflettuto su quale potesse essere l'azione più semplice da offrire a questa persona. Avevano già chiuso gli occhi mentre li guidavo a diventare il loro medico interiore. È difficile da spiegare, ma a un certo punto ho detto: "Se ti porgessi la mano, la prenderesti?". Hanno risposto con un "No".

Lo chiesi di nuovo, semplificando ulteriormente il compito: "Se io allungo il mio dito verso di voi, voi allunghereste il vostro dito verso di me?". E loro hanno risposto: "Sì". Quindi, hanno letteralmente allungato il dito e io mi sono avvicinato delicatamente e li ho toccati con il mio.

Quello che non sapevo in quel momento è che era la prima volta che permettevano a un'altra persona di toccarli, mentre erano stati toccati in molti modi che non avevano richiesto. Ma quello spostamento di un grado in quel momento ha dato a quella persona abbastanza calma e regolazione nel suo corpo per fare fisicamente un passo. Il fatto che abbiano detto di sì e ho scoperto che era la prima volta che si lasciavano toccare da un'altra persona dopo le aggressioni a cui erano sopravvissuti, è stato incredibile. E quell'unico tocco ha cambiato la traiettoria del loro intero essere in quell'unico momento testimoniato da un gruppo di persone.

Questa azione, che oggi è riconosciuta come uno spostamento di un grado, potrebbe essere monumentale anche per voi, nonostante appaia come un aggiustamento minore. Questo concetto è diventato in seguito una pietra miliare del metodo ROAR™.

Che cos'è un cambiamento di un grado nella vita di tutti i giorni? È qualcosa che si fa in quel momento e che cambia la traiettoria di dove si stava andando, ma per il bene, per il meglio, per la congruenza energetica con ciò che si sa essere importante nella propria vita. Si tratta semplicemente di una scelta seguita da un'azione e di essere grati per questo.

La mentalità dello spostamento di un grado dà a voi stessi la libertà di cambiare idea e di sintonizzarvi su ciò che è più vero per voi in ogni momento. Questo è il gioco. La bellezza è duplice: 1) si attinge a una maggiore libertà e 2) si scopre una maggiore intimità con se stessi. Se scegliete qualcosa che non funziona per voi, allora scegliete di nuovo. Ogni scelta vi dà la consapevolezza di ciò che funziona per voi, tenendo presente che ciò che ha funzionato per voi ieri potrebbe non funzionare per voi la prossima settimana, o ciò che ha funzionato per voi un'ora fa potrebbe non funzionare per voi ora.

Se non avete mai vissuto in uno spostamento di un grado, come potete immaginare, andate regolarmente avanti e indietro tra libertà e costrizione. Ma per cambiare è sufficiente un solo grado di spostamento. Come un muscolo, si costruisce su di esso.

Quando sono felice, tutto funziona. Quando sono nella mia energia piena di gioco, mi concentro solo sull'espansione e sulle possibilità. Sono qui a godermi ogni momento su questo pianeta come una nuova possibilità di generazione e creazione per una realtà nuova di zecca - una realtà che genera gioia, piacere, possibilità, gioco e felicità. È una realtà molto diversa da quella di chi ha subito abusi e pensa: "È tutto così difficile e, non importa quanto io faccia o quanto mi sforzi, non cambia mai nulla per me".

Il gioco è pragmatico

... trovare ciò che è più interessante per voi. Più si impara, più si vuole imparare. È divertente.

— *WARREN BUFFETT*

L'energia del gioco non è solo divertente, ma anche pragmatica. Ha sicuramente funzionato per Warren Buffett che, in Tap Dancing to Work di Carol Loomis, viene descritto come motivato dal divertimento, non dal guadagno. Ho avuto molti clienti che hanno lasciato il lavoro per qualcosa che amano davvero e che, quando lo fanno, guadagnano tre o quattro volte di più di prima.

Quando il vostro corpo vi dice cosa vuole e voi lo fate, ciò che appare nella vostra vita diventa più facile e divertente. Ascoltando ciò che è giusto per voi e portandolo avanti, cospirate con l'universo per rendere la vostra vita più facile - tutto questo perché state facendo ciò che è divertente per voi.

Al contrario, se qualcosa non funziona per voi, eliminatelo dalla vostra realtà. Questo non significa non pagare le bollette, ma trovare un altro modo, più divertente e gioioso, di occuparsi delle cose.

Ad esempio, ho un piano di pagamento automatico con la mia banca, perché non mi diverte perdere tempo a capire come funziona ogni mese. Sapere che viene gestito ogni giorno, ogni mese, è divertente per me e quando ho creato oltre i pagamenti lo pago. Mi piace non dovermi mai preoccupare di essere in ritardo con qualcosa; non è su questo che voglio concentrare la mia attenzione. Preferisco dedicarla alla creazione di una nuova possibilità e, se si tratta di qualcosa che va al di là di ciò che ho attualmente, so di avere la libera scelta di andare a creare il denaro extra per questo.

Il ponte verso la radicale vitalità

In qualità di catalizzatore del movimento Live Your ROAR, l'obiettivo è sradicare tutte le forme di abuso dal pianeta attraverso due metodi principali: identificare la gabbia invisibile dell'abuso e indirizzare le persone ad attraversare il "ponte" verso un'autenticità radicale.

Ricordate che la Radical Aliveness è costituita dalle quattro componenti, o "4 C": Scegliere per voi, impegnarsi per voi, collaborare e sapere che l'universo sta cospirando per benedirvi e creare la vita che desiderate. L'Alività radicale è divertente!

Si attraversa questo ponte quando si entra nello spirito del gioco e si sceglie ciò che è divertente per sé. L'obiettivo dell'energia del gioco è quello di mettere se stessi al primo posto.

Se non siete abituati a farlo, l'idea di scegliere per voi sarà una prospettiva radicalmente nuova. Di sicuro, le persone che hanno subito abusi sono le più confuse da questa nozione, perché mettono tutti gli altri al primo posto - non esistono.

Giocate a recitare per reclamare la vostra libertà di espressione.

Al di là delle intenzioni e degli obiettivi, imparare a scegliere per voi dall'energia del gioco vi aprirà alle possibilità in ogni momento e vi riporterà in comunione con tutta la vita a un livello completamente nuovo di facilità, gioia e gloria.

Nel prossimo capitolo vi presenterò l'energia dello spirito e della conoscenza, una parte intrinseca e inconscia di tutti i bambini che, abusata o meno, tende a essere abbandonata e lasciata indietro sulla strada dell'età adulta.

Perché, come vedrete, più si fa amicizia con questa energia innata e la si usa, più è facile entrare nello spirito del gioco.

8

───────

IL VOLTO NELLA LUNA

Alla fine mi sono innamorata della luna perché è fedele

si sono presentati sera dopo sera.

— *SCONOSCIUTO*

La mia stanza è stata il mio rifugio da bambina, cresciuta in una famiglia estremamente violenta e abusante. Era l'unico posto in cui potevo fuggire da tutta la follia di casa mia. C'era una piccola finestra accanto al mio letto e ogni sera, quando usciva la luna, mi mettevo in ginocchio e la fissavo per ore, crogiolandomi nel bellissimo volto che mi guardava, sentendo la sua energia sorridente, che mi faceva capire che tutto andava bene.

Una notte, dopo uno dei miei lunghi dialoghi con la luna, ricordo di essermi girata e di aver visto che tutta la mia stanza si era trasformata in tutti i colori dell'arcobaleno, con fate e angeli, quelli che ora conosco come dei e dee, entità e divinità, che danzavano in una festa sfrenata: la luce rosa della compassione, la luce blu della creatività, tutti lì per me da sperimentare.

Ho iniziato a trascorrere del tempo in quel mondo speciale di energie magiche

e ricevevo ogni tipo di scaricamento su ciò di cui dovevo essere consapevole, sui doni che possedevo e su quanto fossi speciale e diversa in questa vita. Queste creature ultraterrene sono diventate mie amiche e compagne di gioco e alcune notti non vedevo l'ora di andare nella mia stanza. Avevo sempre saputo che c'era qualcos'altro, quindi non ero spaventata da questo regno, che per me aveva più senso della mia realtà attuale, anche se sfidava il tempo e lo spazio ordinari.

Mi resi conto che qualcosa di diverso era possibile e che nessuna follia poteva colpirmi quando ero in quell'energia. È stato allora che ho capito che il lavoro della mia vita consisteva nel collegare il mondo degli spiriti con quello fisico e nell'attingere all'energia ATP della creazione. L'ATP (adenosina trifosfato), o energia dello spirito come la chiamo io, ci fornisce l'energia di tutto ed è in ogni cellula del nostro corpo... compresa quella dell'universo e della terra su cui viviamo.

L'energia dello spirito e della conoscenza

Qual è l'energia che tutti possiamo invocare e con cui possiamo entrare in comunione? Qual è questo spirito che si muove attraverso tutte le cose... che crea tutte le cose?

Oggi, quando penso allo spirito, non penso a fate, angeli o entità. Penso invece a qualcosa che Amma (una guaritrice spirituale con cui ho trascorso 15 anni come parte di una comunità spirituale) direbbe: l'energia infantile che è dentro di noi è Dio.

Per me l'energia dello spirito è come la molecola ATP (adenosina trifosfato), che alimenta ogni cellula del nostro corpo ed è letteralmente chiamata la moneta energetica della vita. È l'energia dello spirito che è nel nostro corpo e che tutti noi siamo.

C'è stato un periodo della mia vita in cui ero davvero infelice, bevevo molto, ero depressa e pesante, e niente funzionava. Mi sentivo malissimo e molto sola dentro di me, come se tutto fosse intorno a me e io non fossi collegata a nulla.

Una sera stavo bevendo e decisi di andarmene e farla finita. Non era una cosa premeditata, ma quando vidi che un autobus si stava avvicinando, scesi dal marciapiede per posizionarmi proprio di fronte ad esso, e sentii qualcosa afferrarmi le spalle e tirarmi indietro. Ero sotto shock. Mi sono guardata intorno e non c'era niente o nessuno, e allora ho capito che qualcuno o qualcosa mi guardava le spalle. È stato il campanello d'allarme di cui avevo tanto bisogno per ricordarmi che c'è qualcosa che va ben oltre questa realtà ed è collegato a me e che dovevo saperne di più. E ci sono state tante volte in cui mi sono sentita sostenuta nel mio viaggio e guidata fino a dove sono ora.

Dopo essere diventata psicoterapeuta e aver avviato la mia attività, mi sono ammalata di una malattia potenzialmente letale e, per guarire, ho iniziato a usare il Theta Healing®. Ha cambiato completamente la mia pratica. Il Theta Healing è una tecnica di guarigione olistica che combina la guarigione spirituale, fisica ed emotiva. Si basa sulla premessa che è possibile accedere a un profondo stato di rilassamento e di coscienza, noto come stato di onde cerebrali theta, per connettersi con l'energia creativa dell'universo e facilitare la guarigione. Questa tecnica è stata sviluppata da Vianna Stibal, naturopata e lettrice intuitiva.

Con questa tecnica, dovete davvero lavorare sulla vostra conoscenza dello spirito. Ogni giorno mi sedevo sulla sedia del mio ufficio con i clienti e, come dice Sheryl Sandberg, COO di Facebook e autrice del best seller Lean In, mi "chinavo" ad ascoltare l'energia dello spirito, l'energia della conoscenza.

Mi venivano in mente informazioni che non avevo modo di conoscere, e i miei clienti spesso mi guardavano un po' scioccati. Mi chiedevano: "Come fai a saperlo? Come potevi saperlo? Dove hai preso questa informazione? Non te l'ho detto io". E io dovevo essere delicata con la mia conoscenza per non sopraffarli con ciò che ero in grado di attingere attraverso l'energia dello spirito.

A quel tempo, usavo strumenti come il test muscolare e, più tardi, nell'Access Consciousness®, la "luce e la pesantezza" per aiutare i miei clienti a sentire la loro conoscenza attraverso il corpo e per metterli in grado di sapere ciò che sanno. Mi fu molto chiaro che ero un canale, un'ancia vuota (tutto passa attraverso di me ed è per voi, senza alcun giudizio o punto di vista), per le persone che venivano nel mio ufficio a causa della connessione con questi altri regni, realtà ed energie.

E anche prima del Theta Healing®, ho sempre avuto la sensazione che ci fosse un'altra parte di me che si connetteva con le persone in modo unico e insolito. Lo sapevo io e lo sapevano i miei clienti. Mi dicevano cose come: "Sei un consulente diverso da quelli che ho avuto prima. Lo fai in modo diverso. Non mi sono mai sentito così prima".

Credo di avere questa capacità grazie alla mia consapevolezza dell'energia del "volto nella luna", alla mia consapevolezza dell'energia che si muove in tutte le cose, compresi i nostri sistemi di credenze, e alla mia consapevolezza che gli organi del nostro corpo immagazzinano queste credenze, che a loro volta formano i nostri corpi e tutte le nostre realtà. Credo anche che queste realtà possano essere cambiate, trasformate e guarite collaborando con la consapevolezza di qualcosa che va oltre questa realtà.

Essere consapevoli in questo modo significa collaborare con la terra e collaborare con le molecole insite nella terra, che non sono diverse dalle molecole del nostro corpo che contengono l'ATP, il motore del nostro organismo.

Grazie a questa prima esperienza con lo spirito dell'energia e della conoscenza e alle informazioni che ho ricevuto, ho sempre pensato che il mio lavoro nel mondo fosse quello di fare da ponte tra questi due mondi: lo spirito e il fisico. Probabilmente non è un caso che io sia del Sagittario, rappresentato dall'Arciere e raffigurato sia come un arciere umano che tira verso il cielo, sia come un cavallo ancorato alla terra. Sono quel ponte per le persone tra la nostra realtà attuale e ciò che è possibile in altri regni.

Con ogni cliente con cui lavoro, me compreso, cerco le parti di noi che si sono frammentate, bloccando la nostra capacità di accedere alla nostra conoscenza e alla nostra energia dello spirito. Può significare risalire a un'età molto giovane e risalire al punto in cui sono ancora bloccati in una scena, a qualsiasi età essa sia avvenuta. Li aiuto a guardare direttamente negli occhi del loro bambino interiore per ottenere le informazioni su ciò che li tiene bloccati e tagliati fuori da se stessi e a esplorare l'emozione che c'è - la paura, la rabbia, la vergogna - per poi riconoscerla con l'adulto.

È tutto fatto a occhio e croce.

Una volta detto tutto quello che c'è da dire in quel momento, chiedo sempre all'adulto di tendere la mano al bambino. A volte la prenderanno e a volte no, ma alla fine lavoriamo affinché il bambino la prenda, in quella sessione o in un'altra. Di solito il bambino chiede: "Posso fidarmi di te?". In sostanza, deve "incontrare" l'adulto. Per me, questo è come incontrare la nostra energia spirituale o il nostro alleato interiore. Questa è la vera comunione di spirito.

Quando tornano da questa scena, di solito c'è una scala mobile arcobaleno che trasporta sia il bambino nella scena sia l'adulto nell'ufficio in cui ci troviamo, o nel gruppo, e integriamo quel bambino nel presente. Non manca mai che l'adulto dica che questa esperienza lo ha cambiato radicalmente. Non si scatenano più le cose che prima li disturbavano, come testimonia questo estratto di una testimonianza che ho ricevuto da uno dei miei clienti:

Ho provato tante cose per cambiare tutti gli aspetti della mia vita che non funzionavano. Sono stata incredibilmente frustrata e spesso ho rischiato di arrendermi, frequentando corsi su corsi, usando strumenti che mi erano stati dati, sapendo che avrebbero dovuto funzionare in modo dinamico come sembravano funzionare con altre persone, ma non sapendo perché non funzionavano per me. Ho lavorato con molti, moltissimi facilitatori, alcuni dei quali sono riusciti ad assistermi fino al punto di guardare dentro il trauma e l'abuso, per poi essere lasciati in sospeso una volta aperta la porta dell'abuso, perché il facilitatore non sapeva cosa fosse necessario fare una volta aperta la porta. Questo è stato terribile per me e mi ci è voluto molto tempo per essere disposta a riprovarci...

Quando ho lasciato il corso per andare a casa, ho notato che invece della respirazione superficiale con cui ho vissuto per tutta la vita, il mio respiro arrivava fino all'interno del corpo, come se finalmente stessi vivendo nel mio corpo per la prima volta. Il mio corpo si sente completamente diverso. Il mio essere si sente più connesso al mio corpo e tutto è più morbido. Sono così grata che tu abbia fornito lo spazio; che tu abbia messo a disposizione tutte le tue straordinarie capacità per aiutarmi a riconnettermi con me stessa. So che le cose non saranno più le stesse e so che il dono che sono è disponibile per me in ogni momento.

Questa è l'energia dello spirito ed è quello che sto facendo. Richiamo questi bambini perduti - gli spiriti frammentati di questi esseri straordinari - e li collego all'"innocenza infantile che è dentro di noi e che è Dio", li porto avanti, permettendo a questo essere umano di avere piena scelta, pieno potere e piena capacità in ogni momento di collaborare con tutto.

Senza questa energia dello spirito e della conoscenza, ci si sente come se si avesse un manuale con tutte le parti e i pezzi mancanti. Non riuscite a percepire l'interezza dello spirito a causa della separazione che si è verificata.

In questo lavoro, però, prima ancora di arrivare al bambino, devo cancellare i giudizi, le credenze e le incarnazioni che la persona davanti a me - l'adulto - pensa di avere. Quando il corpo si svuota di convinzioni e giudizi che non sono suoi, come quelli dei genitori, dei nonni, dei sistemi di credenze culturali, dei voti e/o degli obblighi, spesso trovo bambini bloccati in scene in cui non sapevano cosa fare. Quando una parte di noi se ne va e un'altra parte rimane bloccata nella scena, a quattro anni si attiva un meccanismo psicologico di compensazione. Quella parte non muore o lascia la scena, ma rimane bloccata in cucina o in camera da letto o dovunque fosse la scena.

Ci sono tutti i tipi di scene in cui questo può accadere. Potrebbe trattarsi semplicemente di una madre e un padre che si urlano addosso e uno dei due minaccia di andarsene. Ma il bambino sente: "Oh mio Dio, la mia sicurezza è minacciata". Non possono affrontarlo o parlarne, quindi si separano e si nascondono nell'armadio della loro camera da letto.

Quarant'anni dopo, sono in terapia e quella scena è il cuore del problema.

Fortunatamente non devono rimanere bloccati, il che fa parte del mio lavoro. Vado a recuperare quella parte con loro dopo aver rilasciato e riconosciuto ciò che ha creato la separazione e ciò che hanno assunto da quella separazione e che non è vero. Questo è stato il problema: non stanno creando la loro vita a partire dalla totalità di ciò che sono realmente. La stanno creando a partire da una parte di loro creata nel trauma e nello shock.

Quando riportiamo indietro quell'altra parte, sentono quello che sentiva il mio cliente: che tutto è cambiato e che niente sarà più come prima. Ora hanno una connessione con il proprio spirito, la propria energia e il proprio essere infinito, che è fenomenale e magico, e sono pieni di possibilità e di piena scelta, non importa quanto sia grave. Non è più un universo senza scelte.

C'è un'altra possibilità.

Come ci colleghiamo all'interezza dello spirito?

Connettersi all'interezza

L'energia dello spirito è quella parte che chiamiamo con molti nomi - Dio o l'universo, la conoscenza infinita, non importa - è ciò che percepiamo come qualcosa di distinto che ci dona e lavora in collaborazione con noi. L'energia del sapere è interna, è la nostra capacità di ricevere l'intuizione, il nostro percepire, conoscere ed essere.

Per diventare più consapevoli di queste energie, ci sono pratiche o idee al di fuori della terapia o dei corsi, passi che potete fare a livello personale per connettervi con la vostra innata interezza:

Uscire nella natura

Una delle cose che mi hanno sostenuto durante l'esplorazione del mio cammino verso lo spirito è stata la mia partecipazione allo sport. Quando giocavo a calcio, facevo escursioni, andavo in bicicletta e correvo in cima a una montagna, mi sentivo forte, agile e libero nel mio corpo, sapendo di poter fare qualsiasi cosa. Non c'erano limiti alla mia agilità e alla mia capacità di entrare in comunione con il mio corpo e con la terra. Dopo aver fatto attività fisica, ho sentito una pace che diceva: "Va tutto bene".

Quando si è in quell'energia dello spazio, tutto è possibile e ci si può espandere con l'universo ed essere un tutt'uno con tutte le molecole. Fondamentalmente, si tratta di avere gratitudine per la terra, uscendo in qualche modo sulla terra.

Quindi, fate pure... abbracciate un albero. Fate una passeggiata di meditazione a piedi nudi. Avvicinate il vostro corpo e il vostro essere alla terra e respirate.

· · ·

La mia amata nonna L'arte di ricevere

Mia nonna ha aperto uno spazio nel mio mondo per ricevere l'energia di essere me stesso in modo più completo.

Quando ero piccola, l'unica persona con cui mi sentivo bene era mia nonna. Ogni giorno, quando stavo da lei, accompagnavo mia nonna in chiesa e lei recitava le preghiere sul banco della chiesa.

Un giorno recitò: "Un giorno io e la mia anima saremo guariti". Ora, il libro di preghiere in realtà non diceva "anima", ma lei lo aggiunse, e quando sentii la parola "anima", alzai immediatamente lo sguardo verso di lei e sentii un ronzio nelle orecchie come a dire: "Cos'è l'anima?".

Guardando indietro, mi rendo conto che tutta la mia vita è stata una ricerca dell'anima e dello spirito, che è stata aperta per la prima volta da quelle esperienze introduttive di tanto tempo fa con la luna.

Ascoltando i canti, le preghiere e i salmi più e più volte, mentre mi sedevo ai piedi di mia nonna e tracciavo le vene delle sue mani, più e più volte, mi sentivo così confortata dalla ripetizione delle sue parole. Attraverso la sua "religione", mi sono aperta alla mia consapevolezza, al mio percepire, al mio sapere e questo mi ha permesso il lusso di essere. Tutti noi abbiamo bisogno di almeno una persona, oltre a noi stessi, che in qualche modo ci rifletta la brillantezza che siamo. Quei momenti infondono la nostra conoscenza al di là di questa realtà. Da lì, scegliamo la comunione intrinseca.

Chiedere

Se ricordate, nel Capitolo 2 ho parlato dell'importanza di porre domande come modo per collaborare con l'Universo. Chiedere e stare nella domanda è una parte intrinseca della connessione con la vostra conoscenza. Può essere semplice come chiedere il prossimo passo nella vostra vita o quello che volete veramente.

Una cosa che ho scoperto funzionare nella mia vita per connettermi con l'energia dello spirito e della conoscenza è concentrarmi sul mio obiettivo ponendomi una serie di domande e frasi. In realtà lo canto in una canzone ogni mattina, all'inizio:

- *Chi sono oggi?*

- *Universo, mostrami qualcosa di bello oggi.*

- *Quale energia, spazio e coscienza posso creare oggi?*

- *Quale contributo dello spirito/sapere posso essere e ricevere oggi?*

- Chi vorrei essere?

Aggiungo anche qualcosa di divertente come: "Cosa posso fare o essere oggi che creerà subito più gioco, divertimento e gioia?".

A volte chiedo alla mia azienda cose come:

- Cosa mi serve per invitare il contributo nella mia vita?

- Cosa richiede la mia attività?

- Cosa vorrebbe fare oggi?

- Con chi devo parlare oggi?

Per la mia salute, potrei chiedere:

- Come vorrebbe muoversi il mio corpo oggi?

- Come vorrebbe il mio corpo mangiare oggi che mi riempie di energia e leggerezza?

Va bene lasciare andare

A volte bisogna lasciar andare qualcosa che non funziona e dire: "Ok, mi arrendo a ciò che è molto più grande di me". In un certo senso, l'intero processo di creazione è un grande lasciar andare - lasciar andare l'attaccamento a qualcosa che si desidera. Aspettative, decisioni, giudizi, conclusioni e proiezioni possono ignorare la vostra capacità di conoscere, percepire e ricevere.

Quello che so essere vero è che viviamo in un universo che cospira per benedirci. Non importa quanti abusi abbia subito o quanto a volte non volessi vivere, l'energia della mia conoscenza è stata ciò che mi ha fatto andare avanti e che mi ha fatto navigare in quelle acque tortuose per uscire dall'altra parte ed essere in grado di offrire qualcosa di prezioso per aiutare tanti altri.

Molte persone si perdono in questa realtà e cercano la terapia, la meditazione o le comunità spirituali per connettersi con tutta l'energia che ho visto così chiaramente all'età di sette anni. Anch'io ho fatto queste cose, nel tentativo di guarire e di connettermi più profondamente.

Quindi, ecco cosa mi chiedo...

È una domanda, un invito all'azione, se volete.

Se potete espandere la vostra energia per includere il lavoro con lo spirito della terra, l'Universo e la vostra consapevolezza di collaborare con tutti loro, cos'altro possiamo creare insieme per essere l'energia dello spirito in ogni momento, in ogni luogo, in ogni situazione, che ci sentiamo completamente supportati o meno?

E che cosa ci vuole perché l'energia dello spirito che viene dal profondo

di presentarvi e di essere il catalizzatore della vostra vita per ora e per l'eternità?

Dopo tutto, il mondo vi *sta* aspettando.

Nel capitolo che segue, condividerò alcuni passi, insieme ad alcuni consigli semplici ma potenti, che potete mettere in pratica oggi stesso a sostegno della sperimentazione della vera felicità nella vostra vita. Ho condiviso questi passaggi con migliaia di miei clienti.

Credetemi, funzionano.

9

LA CHIAVE DELLA FELICITÀ RISIEDE DENTRO DI VOI

Si può scappare, scappare, scappare da tante cose nella vita, ma non si può scappare da se stessi. E la chiave della felicità è capire e accettare chi si è.

— *DALE ARCHER*

Sono stati molti i passi che ho fatto dopo quel fatidico giorno all'università, quando il mio professore mi ha contattato. Non è che la felicità sia arrivata da un giorno all'altro. Come ho già detto, ho dovuto superare due decenni di abusi per poter dire onestamente di essere veramente felice. Mi sento gioiosa, leggera e libera.

E potete farlo anche voi.

Che abbiate o meno lottato contro l'abuso, è probabile che, se state leggendo questo libro, ci sia qualcosa nella vostra vita che vi sembra una trappola, una gabbia, un modo in cui vi sentite esclusi dalla possibilità di essere felici. La buona notizia è che la chiave di questa gabbia si trova dentro di voi e io posso aiutarvi a trovarla e a usarla.

Passo 1: Riconoscere la propria infelicità

La felicità è vedere tutti voi.

Ignorare l'infelicità non la fa sparire. Anzi, ignorarla fa sì che rimanga molto più a lungo di quanto si voglia. È come un ospite fastidioso a una festa: se lo ignorate, si scatenerà un putiferio!

Potreste negare di essere infelici perché vi imbarazza o addirittura vi vergognate di ammettere agli altri quanto siete infelici. Non siete i soli a pensarlo. Io avevo orrore ad ammettere la mia infelicità agli altri.

Tuttavia, quando si nega la propria infelicità, si dice a se stessi che non si è importanti. *Questa è in realtà una forma di negligenza e di abuso.* Immaginate che questa parte di voi che si sente così infelice venga lasciata sola in un armadio, al buio. Fareste questo a un bambino piccolo? Allora non fatelo a voi stessi. Quando riconoscete la vostra infelicità, date valore alla vostra esperienza, date valore a voi stessi. Vi fate dire: "Ehi, io sono importante". Questo apre un intero nuovo regno di possibilità per ciò che potete essere o fare da qui in poi.

Questo aiuta anche a costruire un ponte tra la mente e il corpo. Invece di lasciare quella parte di voi infelice in un armadio, tutta la vostra persona è impegnata e disponibile. Questo vi predispone al successo.

Passo 2: Scegliere la felicità

La felicità è scegliere solo per il gusto di farlo.

A vent'anni pensavo che la vita non sarebbe mai migliorata. Non credevo che sarei mai stata felice. Pensavo che la felicità fosse disponibile solo per gli altri. Quando mi sono laureata sapevo che non sarei potuta tornare nella casa in cui ero cresciuta. Sapevo che mi avrebbe ucciso, eppure non ero sicura di cosa volessi fare.

Ispirata dal mio professore universitario, ho deciso di trasferirmi in Arizona e di lavorare in un centro di accoglienza per giovani in crisi. Ho scelto di lavorare in un ambiente in cui sapevo di poter fare la differenza. Attraverso il rifugio, ho lavorato con i servizi sociali per fornire un alloggio sicuro, istruzione e pasti ai bambini allontanati da case violente. Ho anche avuto modo di consigliare questi bambini. Volevo che ogni bambino sapesse di essere al sicuro, amato e curato. Volevo che potessero posare la testa sul cuscino la sera senza preoccupazioni o paure.

Aiutare questi bambini mi ha dato la felicità.

Mentre ero un'alleata per loro, sono diventata un'alleata per me stessa. Quando mi sono data l'amore e la cura che non ho mai avuto crescendo, ho scoperto che potevo fare scelte diverse per me stessa.

Tutti i modi dolorosi in cui vivevo e mi relazionavo in precedenza sono lentamente svaniti man mano che sceglievo in modo diverso. Per esempio, invece di cercare di fuggire bevendo o sniffando, potevo scegliere attività che mi facevano stare bene. Ho fatto scelte basate su ciò che *ora* volevo essere e fare, non su ciò che facevo prima.

Potrei davvero scegliere la felicità.

Anche voi avete una scelta. Allo stesso modo, potete scegliere la felicità portando nella vostra vita qualcosa di divertente, che vi illumini e vi renda felici.

Che cos'è questo per te? Un hobby? Andare in palestra? Frequentare un corso di danza? Fare volontariato? Qual è la cosa che avete in mente e che non ha senso fare, ma che sapete che vi renderebbe felici? Può essere qualcosa che facevate da bambini, oppure qualcosa che non avete mai fatto prima o che avete immaginato di fare. Qualunque cosa sia, potrebbe essere la porta della vostra felicità. Sceglietela. Scegliete la felicità.

Passo 3: Liberarsi dalla dipendenza dall'infelicità

La felicità è permettere l'agio.

Purtroppo, molte persone sono dipendenti dalla loro infelicità.

Sembra una follia, vero? Perché qualcuno dovrebbe *scegliere* l'infelicità?

Ebbene, come si è visto, le motivazioni possono essere molteplici:

- È familiare.

- È un modo per attirare l'attenzione.

- È un modo per entrare in contatto (lamentarsi di ciò che non funziona nella vita è un modo in cui questa società forma relazioni).

Quando le cose non funzionano, si esce a prendere un caffè, si fa shopping o si propone una giornata in una spa.

Eppure, quando le cose vanno davvero bene, alcune persone si arrabbiano con te o si chiedono quale droga tu stia prendendo. Non sono chiamati a sostenervi o ad accompagnarvi. *Anzi, spesso gli altri non sanno come relazionarsi con la gioia e il successo di qualcuno.*

L'infelicità è diventata un'abitudine. Il pessimismo pervade. Le nostre vite sono alimentate dalla lotta per ciò che non funziona. E se non aveste bisogno di lottare per uscire dall'infelicità?

Le dipendenze sono disagi. La felicità è facilità.

Le persone con dipendenza da alcol lottano per liberarsi dalla loro abitudine. In definitiva, per abbandonare davvero la presa sulla bottiglia, hanno bisogno di sostegno.

Allo stesso modo, anche l'infelicità è una dipendenza. Per liberarvi da questa malattia, smettete di pensare di poter fare tutto da soli. Siate disposti a chiedere sostegno.

Fase 4: ottenere supporto e condividere la propria storia

La felicità è ricevervi come un dono.

Ho cercato di superare il mio trauma e la mia infelicità da sola, ma questo non mi ha portato da nessuna parte.

Mi sono rivolta all'alcol e alle droghe per addormentarmi per un po', perché non riuscivo a sopportare il dolore che provavo.

Alla fine ho dovuto ammettere a me stessa che avevo bisogno di sostegno, così ho letto tutti i libri di auto-aiuto che sono riuscita a trovare. Mi hanno dato spunti per la guarigione e la felicità, ma non erano sufficienti.

È stato il mio professore all'università a offrirmi il sostegno di cui avevo bisogno, offrendomi un luogo sicuro in cui condividere la mia storia. Fino a quel momento, tutti i miei segreti e le mie preoccupazioni erano rimasti chiusi nel mio corpo, trascurati e abbandonati.

Come si può sperimentare la vera felicità con parti di sé rinchiuse?

Per smettere di scegliere l'infelicità e iniziare a scegliere la felicità, è necessario approfondire la radice della propria infelicità. A tal fine è necessario esaminare gli eventi, le situazioni e le relazioni del vostro passato che hanno un impatto sul vostro presente.

La pesantezza della vostra infelicità viene sollevata quando avete gli occhi e le orecchie di un professionista, sia esso un terapeuta, un medico o un altro professionista. Condividere la vostra storia in questo modo inizia a liberarvi dalla gabbia dell'infelicità.

Quando lo fate, passate dalla schiavitù alla libertà, dalla limitazione alla possibilità. Non potete creare un nuovo presente e un nuovo futuro se non affrontate il passato che vi ha portato al punto in cui siete. Dovete condividere la vostra storia, imparare da essa e scoprire come potete crearne una nuova.

Una volta ottenuto il supporto di un consulente di fiducia, proverete un profondo senso di sollievo nel non dover più lottare da soli.

Passo 5: Imparare ad ascoltare dentro di sé

La felicità è fare silenzio, ascoltare e fare esattamente ciò che si sente.

Può sembrare strano che prima vi incoraggi a trovare un sostegno e poi vi dica di ascoltare la vostra guida, ma entrambi sono importanti. Lavorare con un terapeuta vi aiuta a eliminare molta della vostra "statica" interiore, in modo da potervi sintonizzare e ascoltare la vostra guida interiore. In definitiva, è la vostra guida interiore la chiave della vostra felicità.

Molte persone commettono l'errore di pensare che saranno felici quando avranno la BMW, il lavoro in azienda, il matrimonio con la "persona giusta", il recinto bianco e i 2,5 figli.

Ma ecco la verità...

Creare una vita basata su ciò che si pensa di dover avere, o su ciò che hanno gli altri, è il biglietto per l'infelicità. Vi porta a prendere decisioni dall'esterno verso l'esterno, anziché dall'interno verso l'esterno.

Quando vi prendete del tempo per sintonizzarvi con la vostra voce interiore e permettete a questa saggezza di guidare le vostre decisioni, iniziate a fare scelte diverse. Si inizia anche a creare un nuovo rapporto con se stessi basato sulla fiducia e sul rispetto. Questo contribuisce a coltivare la felicità per voi stessi e per gli altri.

Può persino spaventare l'idea di uscire dalla scatola delle aspettative per entrare nel mondo della felicità, perché l'ambiente in cui viviamo potrebbe averci inculcato che qualsiasi altra cosa sarebbe un "fallimento". Hanno associato certe cose all'idea di successo e per essere la loro idea di successo si brucia l'olio di mezzanotte solo per finire con il sentirsi vuoti. È qui che dovete ancora una volta eliminare queste richieste esterne ed essere voi stessi una richiesta, come abbiamo discusso nel terzo capitolo.

Molto probabilmente avete passato la maggior parte della vostra vita ad ascoltare la voce degli altri, quindi potrebbe essere necessario un po' di tempo per sintonizzarvi e ascoltare la vostra voce interiore.

Ecco una pratica da fare ogni giorno per rafforzare la capacità di ascoltare la voce interiore:

Impostate un timer per (almeno) 5 minuti.
Ponetevi queste domande:

Cosa voglio?
Che esperienza sto cercando?
Cosa farò per creare questo?

Ascoltate e scrivete le risposte a ciascuna di esse. (Non cercate di "capire" le risposte, ma lasciate che scriviate in un flusso di coscienza, senza modificare o interrompere).

Quando ascoltate e agite in base alla vostra guida interiore, vivete dall'interno. Questo è il biglietto per la vera felicità.

Fase 6: estirpare e piantare nuovi semi

La felicità è permettere a se stessi di piantare il proprio giardino.

Per essere schietti, se volete essere felici, dovete essere disposti a mettere in discussione tutto nella vostra vita.

Dovete essere disposti a cambiare *tutto ciò* che non contribuisce alla vostra scelta di essere felici.

Essere felici è un "lavoro interno". Tuttavia, le persone, gli eventi e le situazioni di cui ci si circonda aumentano o diminuiscono la felicità.

Quanto siete disposti a riconoscere che qualcosa che fate da "X" anni non vi soddisfa più e quanto spesso evitate di cambiarlo?

Non si può essere felici senza eliminare alcune delle erbacce che hanno intasato la propria vita, quindi una volta riconosciuto che qualcosa non funziona per voi:

Ringraziatela per tutto ciò che vi ha dato.

Rilasciatelo con amore e gratitudine, senza conflitti.

Ora che avete tolto le erbacce, c'è spazio per piantare nuovi semi. Potete chiedervi: "Cosa mi renderà felice?".

Tutto ciò che avete fatto in questi passi vi aiuterà a piantare nuovi semi di felicità. E proprio come ogni giardiniere cura regolarmente le sue piante, anche voi dovete coltivare regolarmente il giardino della vostra vita, estirpando e curando i nuovi semi che piantate.

Fase 7: Liberate il vostro splendore

La felicità è saltare nell'ignoto e sapere che la rete apparirà.

Ora le cose si fanno davvero belle, anzi più che belle. Diventa fantastico!

Con i passi da 1 a 6, iniziate a creare una vita per voi stessi al di là di tutti i vostri punti di riferimento familiari. Non ci sono più limiti a ciò che potete essere o fare. Diventate il creatore di tutte le nuove possibilità.

Questo è il momento in cui "scatenate il vostro splendore" e fate un salto in più

felicità che mai avreste pensato possibile.

Ed è qui che le cose si complicano...

Potreste iniziare a dubitare e a chiedervi: "Posso davvero avere tutto questo?" (ricordate il Passo 3 e la dipendenza dall'infelicità?) Oppure potreste avere paura di fare il salto.

"Ci sarà una rete?"

"Cadrò a terra?".

Quando questo accade, sta a voi scegliere di nuovo.

"Scelgo di credere che l'Universo sia contro di me o che mi sostenga?". Credo nell'aria anche se non posso vederla.

Non è tangibile e non posso tenerla in mano, eppure non posso vivere senza. Allo stesso modo, si fa il salto, sapendo che l'Universo ci sostiene e che apparirà una rete.

Quando lo farete, sarete catapultati nella vita dei vostri sogni. E i semi che avete piantato sbocceranno in altre possibilità anche per voi.

Tenete presente che non potete fare questo salto finché non riconoscete di essere infelici, non scegliete la felicità, non liberate la vostra dipendenza dall'infelicità, non ottenete sostegno, non ascoltate, non estirpate e non piantate nuovi semi.

Ora siete pronti a scatenarvi.

Come la strada di mattoni d'oro, questi passi sono una solida ricetta per la felicità.

La vera domanda è: sceglierete?

La felicità è un vostro diritto divino di nascita.

COSA SIGNIFICA ESSERE RADICALMENTE VIVI

"La nostra paura più profonda non è quella di essere inadeguati. La nostra paura più profonda è che siamo potenti oltre ogni misura. È la nostra luce, non la nostra oscurità, che ci spaventa di più. Ci chiediamo: chi sono io per essere brillante, splendida, talentuosa, favolosa? Anzi, chi sei tu per non esserlo?".

— *MARIANNE WILLIAMSON*

In questo capitolo, permettetemi di scavare un po' più a fondo in aspetti diversi ma vitali della vostra vita per scoprire i vostri limiti e aiutarvi a diventare la versione radicalmente viva di voi stessi. Vedete, tutti noi attraversiamo dei problemi nella vita, ma alcuni di noi devono soffrire di più in termini di cause e conseguenze dei nostri problemi. Tuttavia, sarebbe ingiusto per ognuno di noi rimanere bloccati nella propria gabbia invisibile. Tutti noi meritiamo di essere radicalmente orgasmicamente vivi nella nostra vita finanziaria, personale e sentimentale.

Gli ultimi nove capitoli hanno trattato il modo in cui potete essere radicalmente vivi nella vostra mente, nel vostro corpo e nel vostro spirito. In questo capitolo, percorrerò insieme a voi un altro valido miglio per aiutarvi a diventare finanziariamente, sentimentalmente e socialmente fedeli a voi stessi.

Ora, prima di procedere, vorrei farvi una domanda: Vivete con dei limiti e non vi sentite abbastanza forti per cambiare?

Certo, tutti vorremmo dire di no, ma quando ci si stabilisce in qualcosa e lo si ascolta davvero, potrei dire di sì. Ci sono alcuni modi in cui mi ritrovo ancora in limitazioni e non mi sento autorizzato a cambiare, soprattutto se ho visto qualcosa persistere per decenni. Ma sì, c'è una soluzione a tutto questo.

Fortunatamente per voi, è qui che entro in gioco io. Mi occupo di far scomparire queste limitazioni e questo non è solo il mio obiettivo per voi, ma anche per me stesso. Ho sviluppato il Metodo Roar, che uso ogni giorno nella mia vita e con i miei clienti.

Il Metodo ROAR ha avuto origine in una strada secondaria della California settentrionale, dove mi sono fermato poco più che ventenne dopo una rottura amichevole. Mi resi conto di essere di cattivo umore e inizialmente lo attribuii alla rottura, ma non era solo quello. Mi ha condotto a una serie di domande, che poi sono diventate il Metodo ROAR.

Questo metodo prevede una serie di domande, circa cinque o sei, che aiutano a identificare il fattore scatenante del presente e a ricollegarlo al fattore scatenante originale del passato. Si lavora quindi sul passato, si estrae l'erba e si riporta a galla la lezione, formando nuove abitudini e modi di essere.

Ora, quando siete alle prese con queste domande e cercate soluzioni ai problemi della vostra vita, potete tenere a mente le conoscenze che ora condividerò con voi. Cominciamo con le vostre costrizioni finanziarie e troviamo un percorso per diventare radicalmente vivi.

Finanziariamente vivo

Il primo passo verso la libertà finanziaria è riconoscere che potreste essere nella gabbia invisibile dell'abuso e allontanare le opportunità finanziarie. Ma cos'è esattamente l'abuso finanziario?

Ci sono vari modi per affrontare questo argomento. Uno degli esempi più evidenti è quello di una relazione, personale o di lavoro, un matrimonio o un'azienda, in cui si è co-protagonisti ma si può accedere al denaro solo con l'approvazione dell'altra persona. Questa situazione può costituire una forma di abuso finanziario.

Un altro scenario è quello di un matrimonio o di una convivenza in cui una persona controlla tutte le questioni finanziarie e l'altra non ha voce in capitolo. Allo stesso modo, potreste essere coinvolti in un'organizzazione religiosa o spirituale in cui è prevista la decima. Tuttavia, la differenza sta nel fatto che il contributo deve essere una questione di scelta. Se subite pressioni, giudizi o trattamenti diversi in base ai vostri contributi finanziari, potreste subire un abuso finanziario.

Ho lavorato con molti individui che sono stati coinvolti in organizzazioni professionali, spirituali o religiose dove hanno affrontato l'ostracizzazione o sono stati offerti loro alcuni privilegi in base ai loro contributi finanziari. Questo crea una chiara discrepanza tra chi dona e chi non dona.

Riconoscere un abuso finanziario può essere un processo intuitivo. Quando sentite parlare di queste situazioni, il vostro corpo potrebbe reagire e farvi dire: "L'ho vissuto anch'io". L'abuso finanziario può anche riguardare una persona che si fa carico delle questioni finanziarie di un anziano, come la procura o il testamento. Può anche manifestarsi in disparità sul posto di lavoro, con uno dei due sessi che riceve uno stipendio significativamente più alto dell'altro nonostante ricopra la stessa posizione. L'abuso finanziario assume molte forme e può colpire le persone in vari modi.

Quindi, se sospettate di essere stati in qualche modo vittime di abusi finanziari, è essenziale che vi fidiate del vostro istinto e riconosciate la violazione della vostra libertà finanziaria. Che si tratti di un familiare, di un capo, di un insegnante o di un leader religioso, queste situazioni possono togliervi il controllo sul vostro denaro. Se non affrontate questi problemi, rimarrete sotto la loro influenza, ripetendo gli stessi schemi e le stesse esperienze con il denaro. È una situazione insostenibile. Soprattutto per quanto riguarda il denaro, le persone spesso vogliono guarire rapidamente quando hanno subito un abuso, ma possono resistere a riconoscere l'abuso finanziario perché mette in discussione la loro immagine di sé.

Eppure, la prosperità finanziaria è un vostro diritto di nascita. Il vostro stato finanziario non è legato al colore della pelle, all'istruzione o ad altri fattori esterni. Il denaro è un'energia a cui potete accedere e che potete attrarre. Le barriere alla prosperità sono le convinzioni limitanti e le percezioni negative di sé che derivano da esperienze passate di abusi finanziari.

Per vivere in modo radicale, dovete prima conquistare la mentalità che vi blocca. Ecco la verità sul denaro e sulle finanze: *Meritate quanto vi permettete di avere e quanto desiderate.* Non importa quale sia il vostro background: il denaro è un'energia a cui tutti possono attingere. Tuttavia, i nostri sistemi di credenze, modellati da esperienze di abuso e abbandono, possono frenarci. Il vostro valore finanziario non ha alcuna relazione con la vostra autostima. Che si tratti del sesso, dell'istruzione o di qualsiasi altro fattore, avete il potenziale per realizzare qualsiasi cosa desideriate se riuscite a liberarvi dalle catene dell'abuso e ad abbracciare la vostra prosperità finanziaria.

Smettete di permettere agli abusi del passato di dettare il vostro futuro finanziario. Affrontate invece la realtà, scartate il bagaglio che non vi appartiene e iniziate il vostro viaggio verso la libertà finanziaria. Con l'onestà e la consapevolezza di sé, potrete iniziare a manifestare la ricchezza e la sicurezza che meritate davvero.

Ora che avete una mentalità sana, vi darò cinque semplici passi da seguire per liberarvi dalle costrizioni finanziarie. Il primo potrebbe non piacervi, ma è essenziale. Iniziate scrivendo un diario su ciò che odiate del denaro. Elencate da 10 a 15 cose che non vi piacciono, che si tratti di lotte, conflitti, bollette, interessi passivi o qualsiasi altro aspetto che ritenete impegnativo. In secondo luogo, scrivete tutto ciò che amate del denaro, come la libertà, le scelte e le opportunità che offre, senza concentrarvi su marchi specifici.

Una volta fatto questo, passate alla fase tre. Immaginate una vita in cui il denaro non è più un problema. Considerate cosa scegliereste e cosa avreste nella vostra vita se aveste tutti i soldi che desiderate e non ve ne preoccupaste più. Questo passo può essere difficile per molti, perché sono bloccati nel ciclo di amore-odio con il denaro.

Il quarto passo consiste nel descrivere come ci si sentirebbe ad avere tutto il denaro necessario senza averne più bisogno. Come cambierebbe il vostro atteggiamento? Camminereste con sicurezza, sorridereste più spesso e vi esprimereste in modo diverso? Che aspetto avrebbe il vostro corpo? Il vostro guardaroba cambierebbe? Pensate a dove vivreste e come.

Il quinto passo consiste nel considerare cosa vorreste dare al mondo se aveste più soldi di quanti ve ne servirebbero. Che tipo di contributi, enti di beneficenza o iniziative sosterreste? Che si tratti di acqua potabile per i Paesi bisognosi, di finanziare l'istruzione, di avviare organizzazioni non profit o di perseguire progetti creativi, scrivete i vostri sogni e le vostre aspirazioni.

Il processo di mettere su carta questi pensieri è trasformativo. Porta l'energia dei vostri desideri nella realtà, offrendovi nuove scelte e possibilità. Ricordate che è fondamentale fare il primo passo, il One Degree Shift™, dalla vostra situazione attuale in base a ciò che avete scritto. Molte persone tendono a rimanere bloccate nella mentalità del "non ho", ma questi cinque passi possono aiutarvi a liberarvi. Abbracciate il One Degree Shift™ e iniziate il vostro percorso per rendere possibile ciò che una volta pensavate fosse impossibile.

Romanticamente vivo

Nelle relazioni di coppia capita spesso che i conflitti sorgano da più parti e in modi diversi, anche quando non si ha l'intenzione di provocarli. È come uno schema ricorrente che continua a manifestarsi, facendovi chiedere: "È questo che intendevo?". Ma si manifesta comunque. Questo tema ricorrente è l'indizio che qualcosa di più profondo è in gioco.

Per esempio, nella mia vita, c'è stato un momento in cui mi sono resa conto che i conflitti stavano emergendo in vari aspetti della mia vita e improvvisamente mi sono vista come il denominatore comune. È diventato chiaro che ero intrappolato in una gabbia relazionale, dove i miei tentativi di comunicare o di entrare in contatto si scontravano ripetutamente con la resistenza o la lotta. È la sensazione che, ovunque ci si giri, si sia in qualche modo bloccati in un circolo vizioso.

Questo fenomeno è comune anche nelle relazioni unilaterali. Purtroppo, individuare una relazione unilaterale può essere piuttosto esasperante. Tuttavia, è piuttosto facile da individuare. Dopo aver lasciato una relazione di questo tipo, potreste chiedervi: "Perché l'ho sopportata così a lungo e cosa c'è di sbagliato in me?". La verità è che non c'è nulla di sbagliato in voi. La sfida è che alla maggior parte di noi non è stato insegnato o mostrato come impegnarsi in una relazione di sostegno reciproco, trasparente, reciproca e contributiva.

In effetti, se si cerca la definizione di "relazione" sul dizionario, la si trova definita come *la distanza tra due oggetti*. Molte persone basano le loro relazioni su questa interpretazione, che spesso porta a dinamiche unilaterali, almeno dopo i primi tre o sei mesi di felicità.

Una relazione unilaterale è caratterizzata da un significativo squilibrio nel dare e nel ricevere. Potreste scoprire che tutto ciò che chiedete rimane insoddisfatto o, peggio, dovete affrontare giudizi, critiche e la sensazione di "chiedere troppo". In queste relazioni, i vostri bisogni vengono spesso ignorati e vi sentite in trappola.

Le relazioni unilaterali possono anche comportare il gaslighting, in cui l'altra persona vi manipola per farvi dubitare della vostra realtà. La persona può diventare completamente egocentrica, preoccupandosi solo della propria vita e dei propri problemi. Questo approccio narcisistico può lasciare che siate voi a fare tutto il lavoro pesante mentre loro si limitano a prendere senza dare.

Tuttavia, non cercate di far cambiare l'altra persona. È essenziale stabilire i propri confini, comunicare le proprie esigenze e i propri punti non negoziabili, anche se è probabile che non vengano soddisfatti. A volte, dichiarare questi limiti può risvegliare il partner alla realtà della situazione, spingendolo a fare i cambiamenti necessari. La chiave non è criticare o puntare il dito, ma dare potere a se stessi e scegliere ciò che è in linea con la propria felicità e il proprio benessere.

In definitiva, non si tratta di restare o andare, ma di trovare la gioia e il dono e il ricevimento reciproci nella vostra relazione. Se non c'è gioia, se non c'è vera condivisione, allora è il momento di rivalutare la relazione. Non si può cambiare o scegliere per qualcun altro; si può solo scegliere e cambiare per se stessi.

Ricordate che siete voi a creare la vostra vita. Che questo significhi separarsi o andare avanti insieme, tutto dipende dalla vostra felicità, dalla chiarezza e dal perseguimento del vostro pieno potenziale. Non c'è un giusto o uno sbagliato, ma solo la domanda se siete felici, se vi sentite bene e se vivete al massimo delle vostre potenzialità.

Le relazioni sono come una danza ed è fondamentale riconoscere che ogni persona coinvolta ha una frequenza unica. Per alcuni individui è più facile armonizzarsi con l'altro in un determinato tipo di relazione. Ciò che funziona per voi può non funzionare necessariamente per il vostro partner, e viceversa. È qui che inizia la vera danza delle relazioni.

La chiave per sentirsi a proprio agio in una relazione sta nell'essere aperti, accettanti e curiosi nei confronti dell'altra persona con cui si è scelto di entrare in contatto. Di fronte alle differenze o alle sfide, resistete all'impulso di reagire con frustrazione o giudizio.

Affrontate invece la situazione con curiosità. Ad esempio, invece di arrabbiarvi per qualcosa, fate domande e cercate di capire il punto di vista dell'altra persona. Impegnarsi nel dialogo ed essere sinceramente interessati al loro punto di vista può trasformare un potenziale problema in un'opportunità di maggiore connessione.

È essenziale riconoscere che non tutte le relazioni sono facili e che a volte si possono imitare inconsapevolmente i modelli della propria famiglia. Il modo in cui i vostri genitori interagivano può aver lasciato un'impronta sul vostro approccio alle relazioni. Siate consapevoli di questi schemi e cercate di coltivare la curiosità, l'accettazione e la tolleranza per costruire un legame più armonioso e soddisfacente.

Ricordate che le difese e le reazioni possono creare distanza e ostacolare l'intimità in una relazione. Per favorire l'agio, cercate di essere più curiosi, accettanti e in uno stato di tolleranza. Invece di concentrarsi sui problemi, date la priorità all'esplorazione delle possibilità con il vostro partner.

Se siete alla ricerca di una relazione più piacevole e arricchente o vi state chiedendo come infondere più divertimento nella vostra relazione? Ecco cinque suggerimenti e, se questi non sono adatti, sentitevi liberi di crearne di vostri:

Uno: scegliete un'attività che porti gioia a entrambi, qualcosa che accenda l'entusiasmo e crei un'esperienza condivisa. Che si tratti di guardare un film, di partecipare a un evento o semplicemente di gustare dei popcorn, sceglietela. Non importa la lingua o il formato: l'importante è godersi il tempo trascorso insieme.

Due: trovare qualcosa che valga la pena di festeggiare in coppia. Può trattarsi di socializzare con gli amici, uscire per una cena elegante o vestirsi bene ed esprimere gratitudine l'uno per l'altro. Riconoscere il vostro legame può essere di per sé un'esperienza piacevole.

Tre: Provate a invertire i ruoli. Ognuno di voi può scegliere un'attività che l'altro potrebbe non aver scelto inizialmente. Questo vi incoraggia a esplorare gli interessi del vostro partner e ad ampliare i vostri orizzonti. Forse non ripeterete tutte le attività scelte, ma acquisirete una conoscenza reciproca.

Quattro: Sfidate voi stessi a imparare qualcosa di nuovo insieme. Scoprite cosa eccita il vostro partner nei suoi interessi e condividete anche le vostre passioni. Impegnarsi in nuove esperienze può essere un'avventura che crea un legame.

Cinque: Dedicare del tempo al piacere individuale e incoraggiare il partner a fare lo stesso. A volte, la cura di sé e il perseguimento di interessi personali possono aggiungere una dinamica rinfrescante alla vostra relazione. Pianificate un viaggio o fate atti di spontaneità per liberarvi dalla routine.

Questi passi introdurranno varietà e vitalità nella vostra relazione, assicurandovi di godere dei momenti condivisi e di continuare a crescere insieme. Questa sarebbe una relazione ideale in cui potete essere radicalmente vivi dal punto di vista dell'orgasmo.

Alzarsi e ruggire

Alla fine, direi che essere radicalmente vivi in questi tempi significa semplicemente alzarsi e ruggire. Si tratta di svelare il vero sé che è sempre esistito dentro di voi, pronto a liberarsi nella realtà. Quando si libera il proprio sé autentico, si irradia genuinità, passione, vitalità e un nuovo tipo di potere feroce. È come scoprire un superpotere, un'incredibile potenza che alimenta la vostra energia e vibra con la frequenza del "diamine, sì, ce la faremo".

Nonostante le battaglie, i traumi e i drammi del passato, è ora di alzarsi e ruggire, facendo le cose in modo diverso da prima. Ciò che ha funzionato in passato non ha più importanza, perché non è adesso e non ha prodotto i risultati che sapevate di essere in grado di ottenere.

Rise up and ROAR incarna l'"adesso", dove non c'è spazio per l'attesa. Si tratta di agire per portare gioia e contribuire al mondo e alla propria vita. Non c'è tolleranza per la mediocrità, non ci si accontenta più della banale routine delle 40 ore settimanali. Si tratta di superare i limiti precedenti, di fidarsi di se stessi come mai prima d'ora e di avere fiducia nella propria capacità di creare qualcosa di straordinario.

Si tratta di aspirare a qualcosa di più, di puntare al Super Bowl, alle World Series e a tutti i riconoscimenti. Si tratta di dare il meglio di sé al mondo e di sentirsi vittoriosi. Non si tratta solo di fare, ma anche di ricevere. L'universo vi benedice continuamente in ogni aspetto della vita, a livello personale, relazionale, professionale ed energetico. Che si tratti di creare lo spazio di cui avete bisogno o di ricevere ciò che desiderate, ciò avviene senza lottare. Anche quando si presentano delle sfide, non le sentite più come tali, perché avete acquisito la profonda consapevolezza di poter apportare dei cambiamenti quando necessario.

L'essenza di Rise Up and ROAR è sapere che dentro di voi c'è un ruggito e che ciò che è destinato a voi arriverà senza dubbio. Se siete in sintonia con questa consapevolezza, vi invito a unirvi a me nel viaggio di Alzati e Ruggisci insieme.

POSTFAZIONE

Se alcune delle idee che avete letto vi sembrano una prospettiva radicale, c'è da aspettarselo.

Quando si vive in modo limitato, controllando e distribuendo la propria energia, confinati in uno stretto cerchio di movimento - nella *gabbia invisibile dell'abuso -* è inevitabile che la possibilità di fare le cose in modo completamente diverso sembri un po' fantastica, forse fuori dal campo dell'immaginazione...

Per vivere una realtà radicalmente orgasmicamente viva. O, come amo dire...

Per vivere il tuo *ruggito!*

La verità è che quello che vi ho presentato qui è solo *l'inizio*, in realtà, per farvi andare verso la Radical Aliveness - una specie di "Kick Abuse in the Caboose" con le rotelle.

Tuttavia, come ho promesso all'inizio, gli strumenti - concetti, suggerimenti e passi - che ho presentato qui vi guideranno attraverso un pantano di resistenze che vi hanno legato a un'esperienza di vita costrittiva.

La resistenza si presenta in molte forme, e la maggior parte di esse sembra abbastanza "reale" e credibile. Sembra davvero che non abbiate i soldi, il tempo, l'energia, le conoscenze o le capacità per fare ciò che volete.

Ma queste non sono ragioni o giustificazioni. Sono *creazioni.*

E tutte nascono dall'idea che "c'è qualcosa di sbagliato in me... vedi?".

Se c'è una cosa da dire sulla resistenza, è che c'è sempre *qualcosa* che si frappone tra voi e ciò che volete. In fin dei conti, però, sono tutte creazioni - scuse mascherate - progettate con un unico scopo: impedirvi di avventurarvi oltre ciò che conoscete e percepite come sicuro.

A ben guardare, questo tipo di sicurezza è un termine relativo, un obiettivo mobile, definito da un contesto che avete creato a un certo punto per proteggervi. Tuttavia, quando si vive in una gabbia invisibile di abusi creata da un passato di abusi, che cosa è veramente sicuro?

Quindi, la prossima volta che vi sentite in difficoltà, che avete paura di affrontare qualcosa o che vi sembra di aver provato tutto e niente funziona, ecco alcune domande da porsi:

Se sapessi che questo mi blocca, sarei disposto a lasciar perdere? Sono disposto a lasciare andare il mio giudizio su questo? Sono disposto a scambiare "x" con "y"?

Per concludere, la vera sicurezza può essere sperimentata solo attraverso l'espansione e la consapevolezza, attraverso la propria coscienza nel presente. Essa deriva dall'imparare a riconoscere e ad ascoltare i sussurri della coscienza dentro di voi, fidandovi di ciò che sentite e agendo di conseguenza momento per momento.

Si tratta di scegliere la felicità e lasciare che sia la vostra guida.

È espandersi nella facilità, nella leggerezza, nella gioia e nel divertimento che è possibile quando si sceglie per sé.

E, in definitiva, è imparare a vivere con gentilezza...

Per gli altri, per il pianeta e soprattutto... per *voi*.

SULL'AUTORE

La dottoressa Lisa Cooney è una leader creativa e generativa nel campo della trasformazione personale e un'autorità in materia di prosperità dal trauma alla bellezza. Terapeuta matrimoniale e familiare, dottore di ricerca, Master Theta Healer  e facilitatore certificato, è la creatrice di Live Your ROAR! Sii te stesso! Oltre ogni cosa! Crea la magia! Il lavoro della dottoressa Lisa ha permesso a migliaia di persone di attraversare il ponte dall'abuso sessuale infantile e da altre forme di abuso per vivere una "realtà radicalmente viva e orgasmica" (ROAR).

La magia del suo lavoro è incentrata sui concetti fondamentali che ha utilizzato per guarire se stessa, non solo dagli abusi subiti durante l'infanzia, ma anche da una malattia potenzialmente letale. Questi principi essenziali, che includono le 4 C - Scegliere per te, Impegnarsi per te, Collaborare e sapere che l'universo sta cospirando per benedirti e Creare la vita che desideri - sono la pietra di paragone per una trasformazione profonda e duratura.

Oltre ai suoi contributi rivoluzionari e "rivelatori" al corpo della saggezza trasformativa, è dotata di modalità creative ed energetiche per facilitare gli altri a muoversi oltre gli ostacoli e a raggiungere il luogo della propria conoscenza... quello spazio in cui hanno accesso diretto alla consapevolezza della propria impronta animica.

Conosciuta per il suo approccio alla vita del tipo "Lo voglio!... non importa cosa!", la dottoressa Lisa guida dall'anima e parla attraverso il cuore e non lascia indietro nessuna parte dell'anima nel riportare una persona alla completezza. È possibile creare una vita radicalmente viva al di là degli abusi.

Vai, sii grande...

www.ingramcontent.com/pod-product-compliance
Lightning Source LLC
Chambersburg PA
CBHW060925140726

47996CB00001B/389